新日本語の中級

会話場面・語彙
イラストシート

AOTS
（財）海外技術者研修協会 編著

Published by 3A Corporation.
Shoei Bldg., 6-3, Sarugaku-cho 2-chome, Chiyoda-ku, Tokyo 101-0064, Japan

ISBN4-88319-276-8 C0081

First published 2003
Printed in Japan

刊行に当たって

１．製作のねらい

　本書は『新日本語の中級』の語彙の導入と会話の練習を目的に、財団法人海外技術者研修協会（The Association for Overseas Technical Scholarship 略称ＡＯＴＳ）が製作した教材を、外部の日本語の先生方にもご利用いただけるようにまとめたものです。

　このイラストシートを使うことにより、文字や音声だけでは示せない語彙及び会話の状況や背景を提示できます。

　例えば、語彙を導入する際にイラストを見せることにより、効果的に新しい語彙の意味用法の理解及び定着をはかることができます。また、会話の練習をする際にも、イラストは場面や状況、人間関係を視覚に訴えますので、会話の内容に関する学習者の理解や記憶が深まります。

２．構成

　本書は『新日本語の中級』の全20課に対応し、語彙のイラストと会話のイラストに分かれています。

　語彙のイラストは１ページに４枚で、白紙２枚を含めて144枚あります。破線で切り取ってお使いください。

　会話のイラストは『新日本語の中級』のすべての会話について、１ページに１つの会話の場面を２～６コマに分割して掲載してあります。

　また、巻末に語彙の一覧表（提出課順と五十音順の２種類）を掲載しました。

　なお、全ページにミシン目を入れましたので、切り取ってお使いください。

３．使い方

ア．語彙

　新出語彙の導入・「会話の練習」や「読もうの練習」の補助にお使いください。

イ．会話

　次のような手順で使えば効果的です。

　１）イラストを見ながらＣＤを聴かせる。

　２）場面・登場人物・内容が正しくつかめたかどうか、質問して確かめる。

　３）イラストを見ながらＣＤのあとについて言わせる。

　４）イラストを見ながら役割練習をさせる。

目次

刊行に当たって ……………………………………………………………………………… 3

会話シート ……………………………………………………………………………… 7

第1課

　　会話1　分からない言葉について尋ねる ……………………………………… 8

　　会話2　アナウンスを聞く ……………………………………………………… 9

第2課

　　会話1　遅刻の連絡をする ……………………………………………………10

　　会話2　伝言のお願いをする ……………………………………………………11

第3課

　　会話1　蛍光灯の取り替えを頼む ………………………………………………12

　　会話2　韓国語を教えてもらう ………………………………………………13

第4課

　　会話1　パソコンフェアーに行く許可をもらう ……………………………14

　　会話2　早退の許可をもらう …………………………………………………15

第5課

　　会話1　Jリーグに誘う ………………………………………………………16

　　会話2　二次会を遠慮する ……………………………………………………17

第6課

　　会話1　上司の家を訪問する …………………………………………………18

　　会話2　自分の町を紹介する …………………………………………………19

第7課

　　会話1　症状を伝える …………………………………………………………20

　　会話2　診察の結果を聞いて薬をもらう ……………………………………21

第8課

　　会話1　ウォークマンを買う …………………………………………………22

　　会話2　買った物を取り替える ………………………………………………23

第9課

　　会話1　技術センターへの行き方を聞く ……………………………………24

　　会話2　ディズニーランドへの行き方を聞く ………………………………25

第10課

　　会話1　コンピューターの使い方の説明を聞く ……………………………26

　　会話2　ギョーザの作り方を説明する ………………………………………27

第11課

　　会話1　おごられる ……………………………………………………………28

　　会話2　おごる …………………………………………………………………29

　　会話3　割り勘にする …………………………………………………………30

第12課

　　会話1　物価を比較する ………………………………………………………31

　　会話2　輸入品を比較する ……………………………………………………32

第13課

　　会話1　騒音について苦情を言う ……………………………………………33

　　会話2　注意されて、謝る ……………………………………………………34

　　会話3　会議に遅れて謝る ……………………………………………………35

第14課
    会話1 身に付けている物を褒める ・・・ 36
    会話2 能力を褒める ・・・ 37
第15課
    会話1 自分の仕事を説明する ・・ 38
    会話2 仕事の経歴を話す ・・・ 39
第16課
    会話1 家の狭さを例える ・・・ 40
    会話2 朝のラッシュを例える ・・・ 41
第17課
    会話1 資料の読み合わせを提案する ・・・・・・・・・・・・・・・・・・・・・・・・・・・・・・・・・・・ 42
    会話2 禁煙席について相談する ・・・ 43
第18課
    会話1 富士登山の計画を立てる ・・・ 44
    会話2 旅行代理店の人と相談する ・・・・・・・・・・・・・・・・・・・・・・・・・・・・・・・・・・・・ 45
第19課
    会話1 大家族と核家族について話し合う ・・・・・・・・・・・・・・・・・・・・・・・・・・・ 46
    会話2 都会と田舎について話し合う ・・・・・・・・・・・・・・・・・・・・・・・・・・・・・・・・ 47
第20課
    会話1 ごみを分ける ・・ 48
    会話2 リサイクルする ・・・ 49
語彙シート ・・ 51
提出課順語彙一覧表 ・・ 126
五十音順語彙一覧表 ・・ 129

会話シート

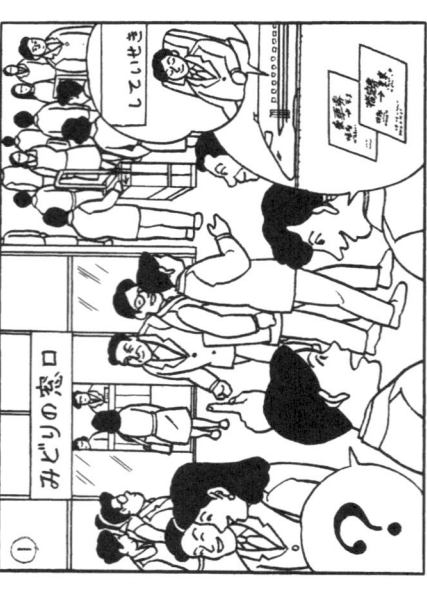

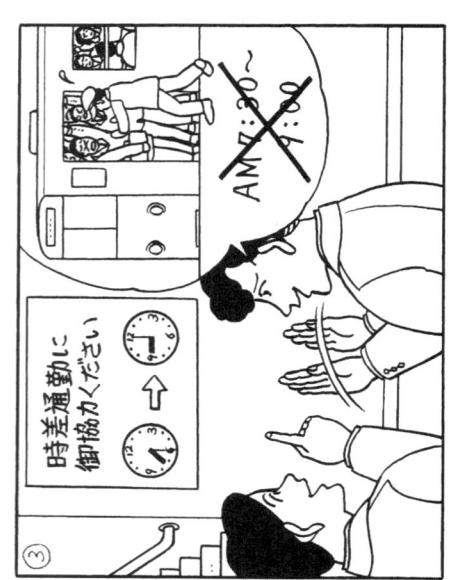

第2課　会話1　遅刻の連絡をする

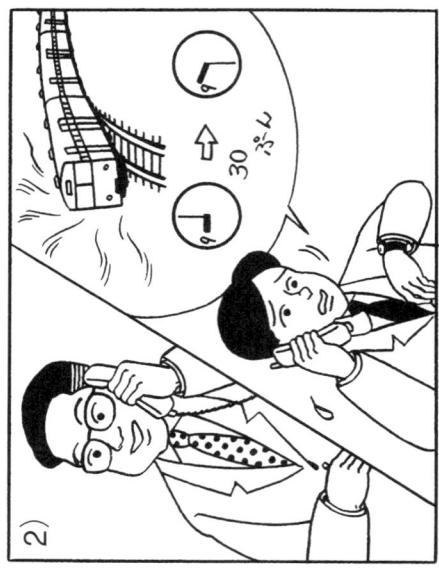

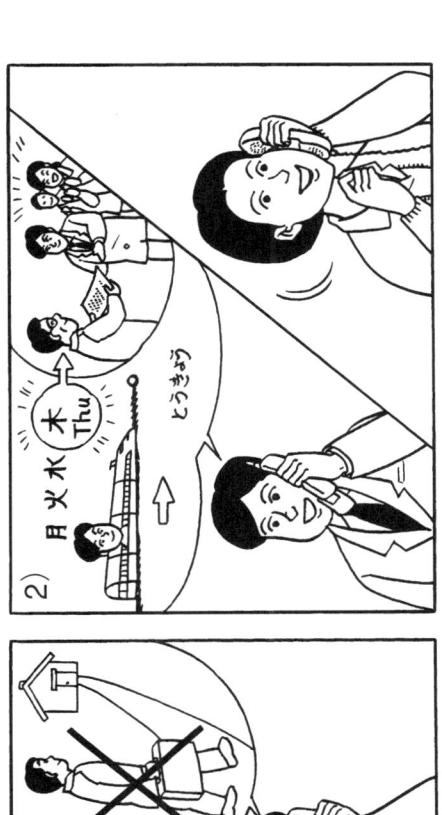

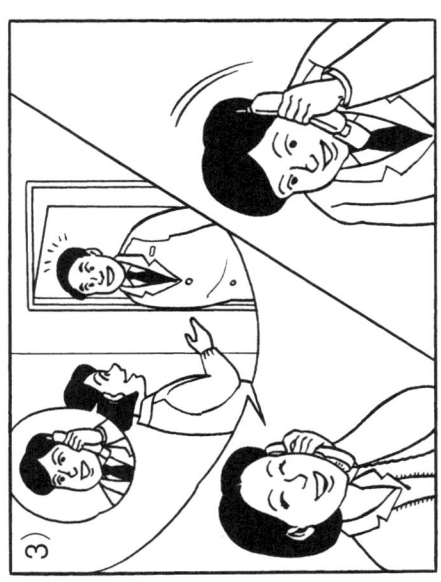

第3課　会話1　蛍光灯の取り替えを頼む

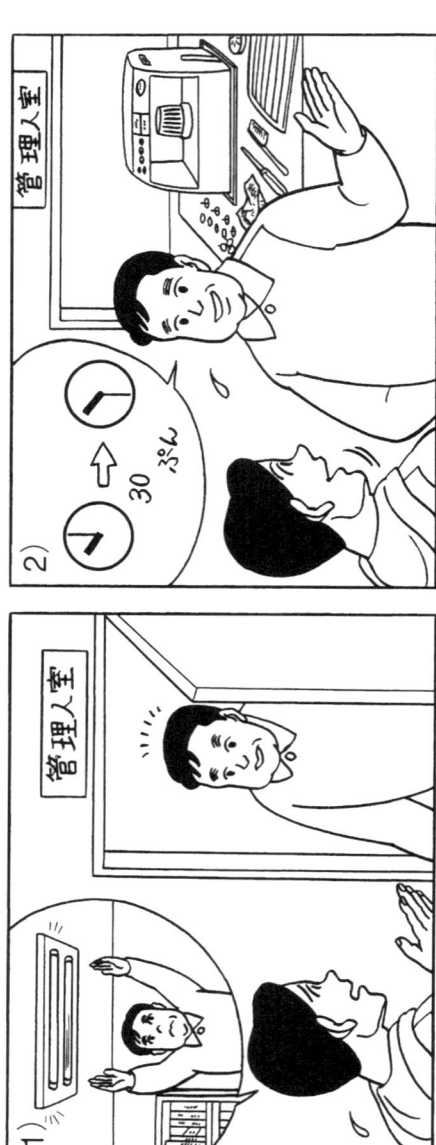

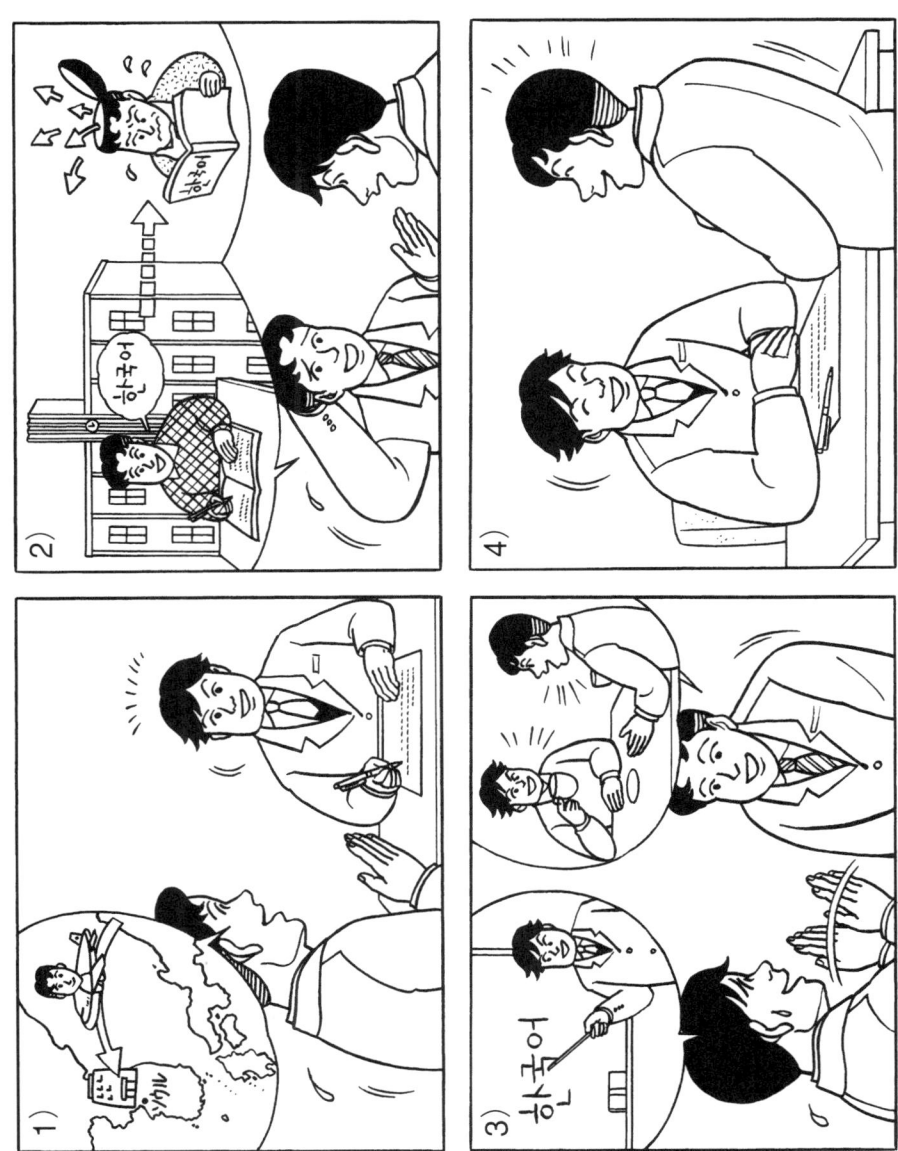

第4課　会話1　パソコンフェアーに行く許可をもらう

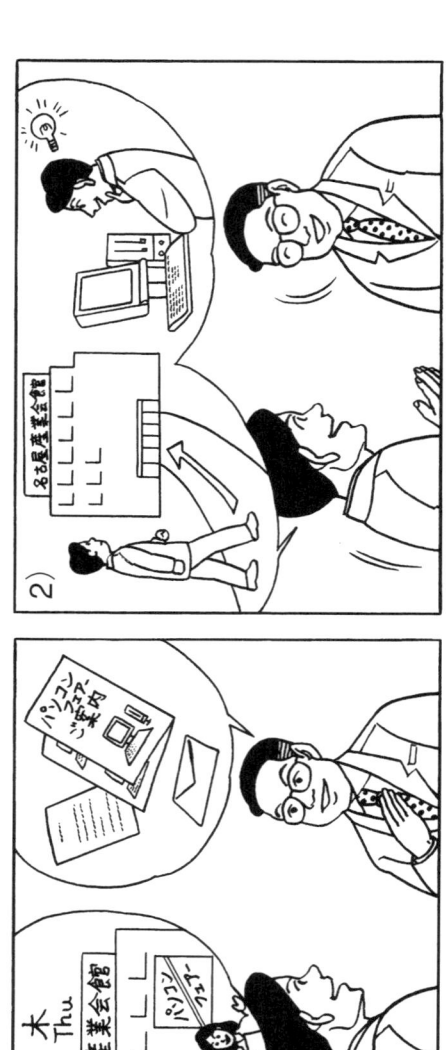

第4課　会話2　早退の許可をもらう

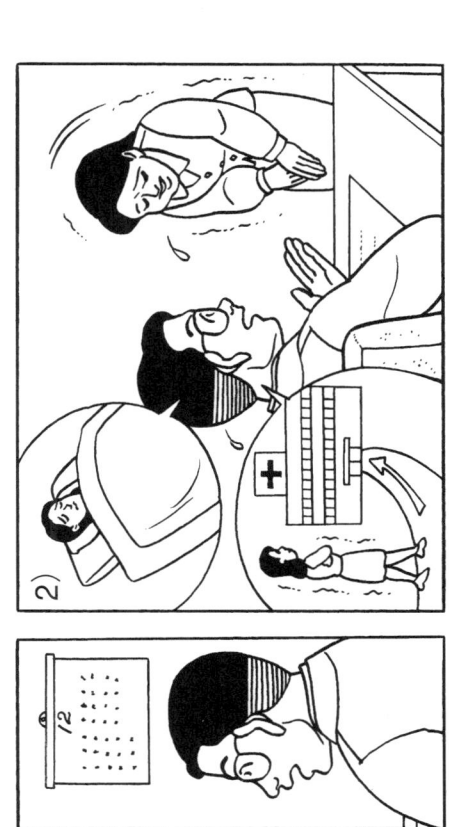

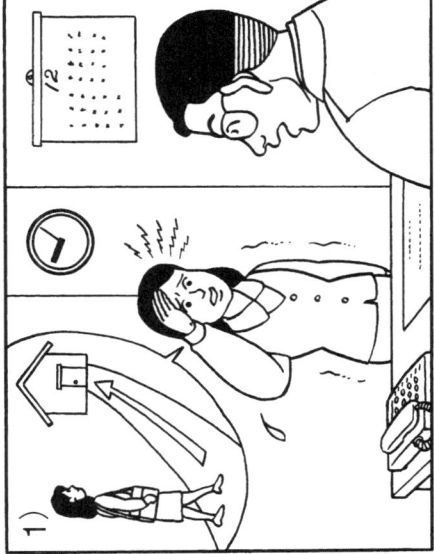

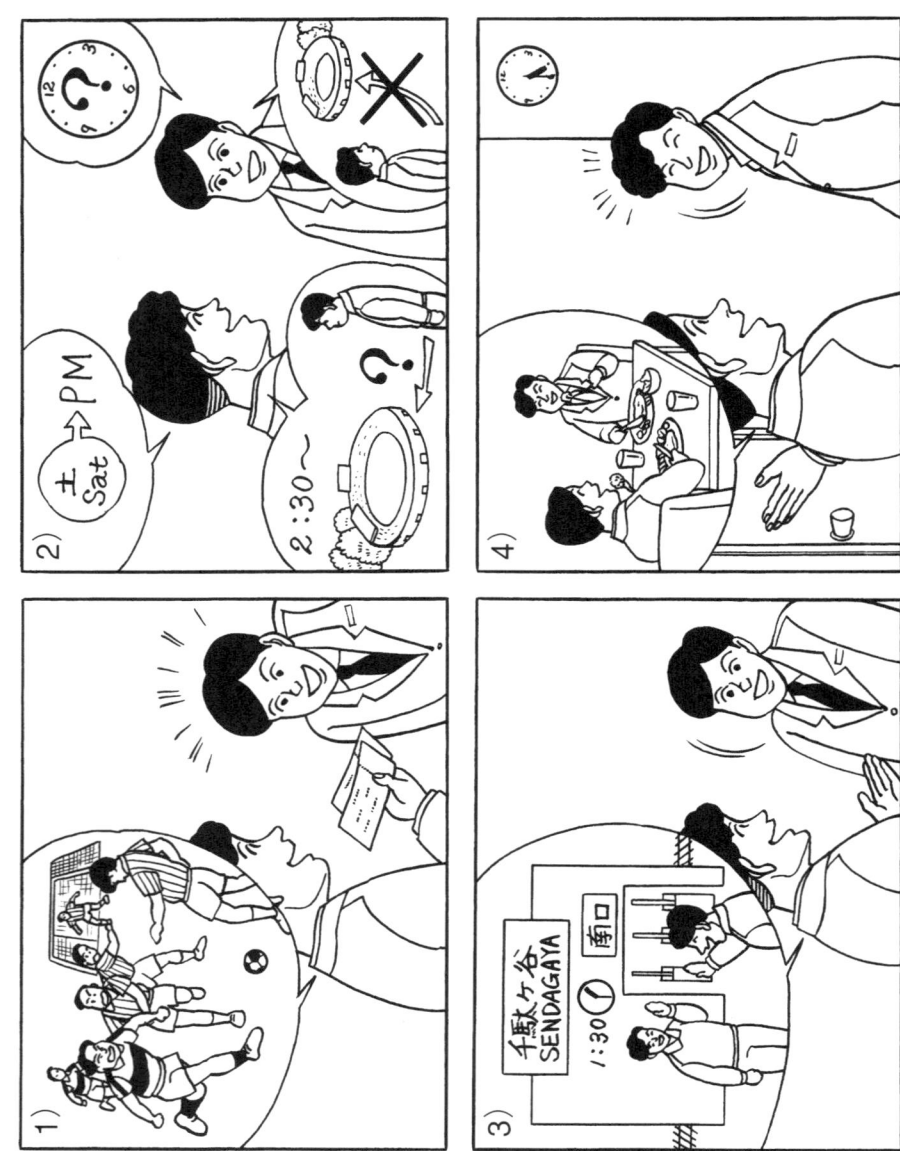

第5課　会話2　二次会を遠慮する

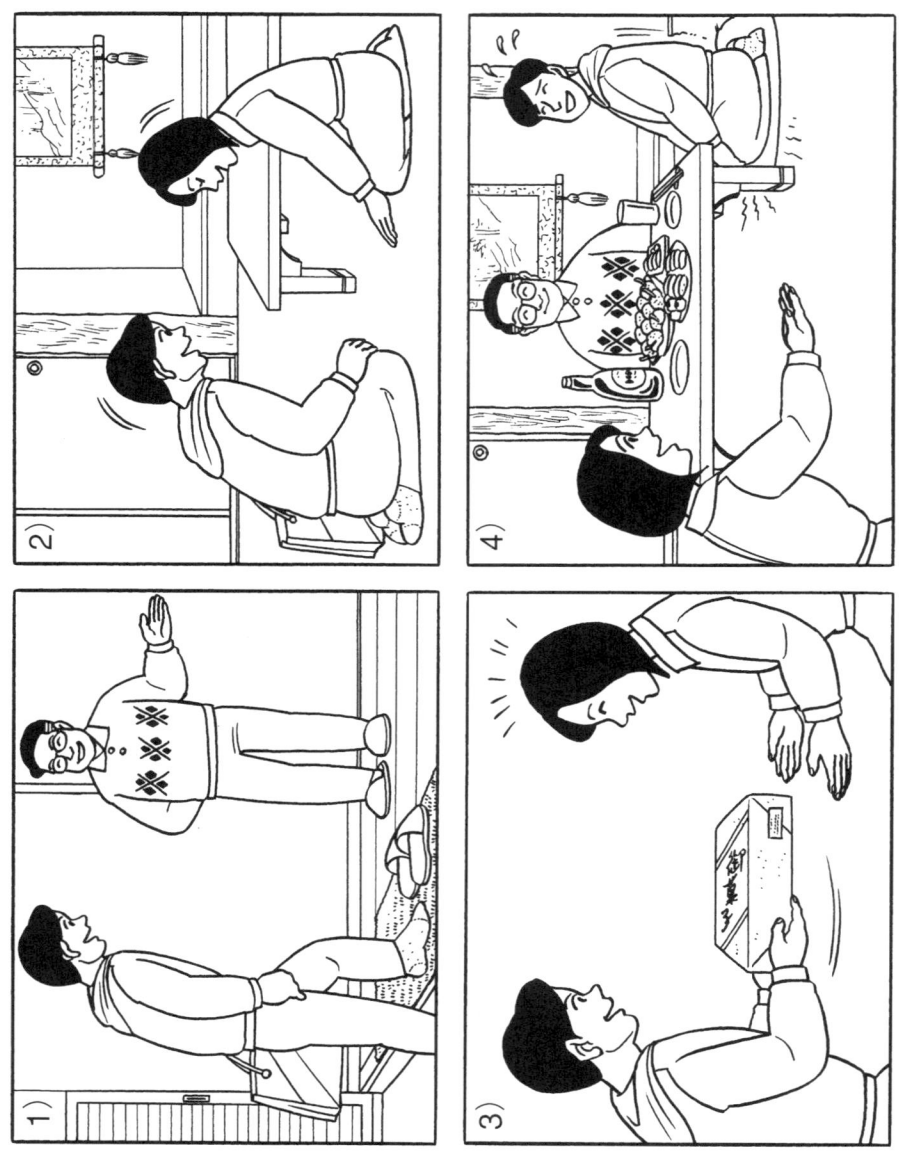

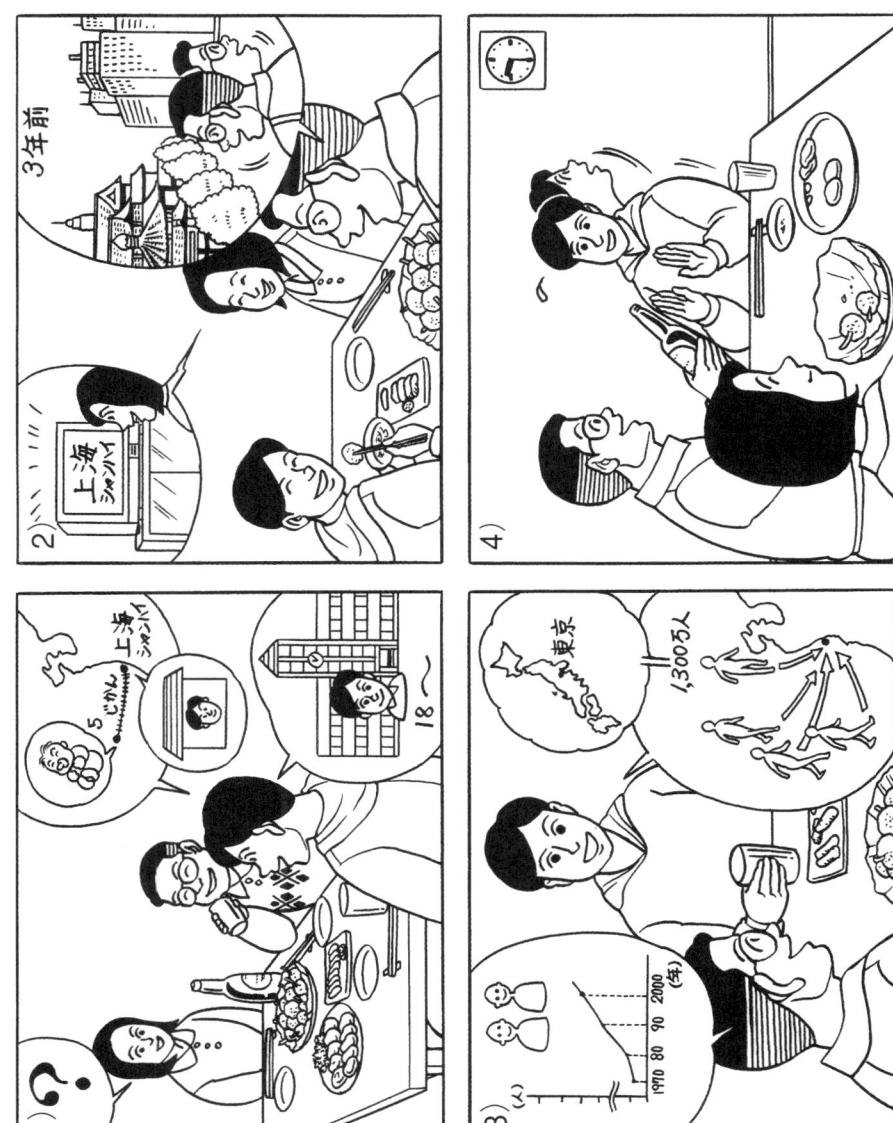

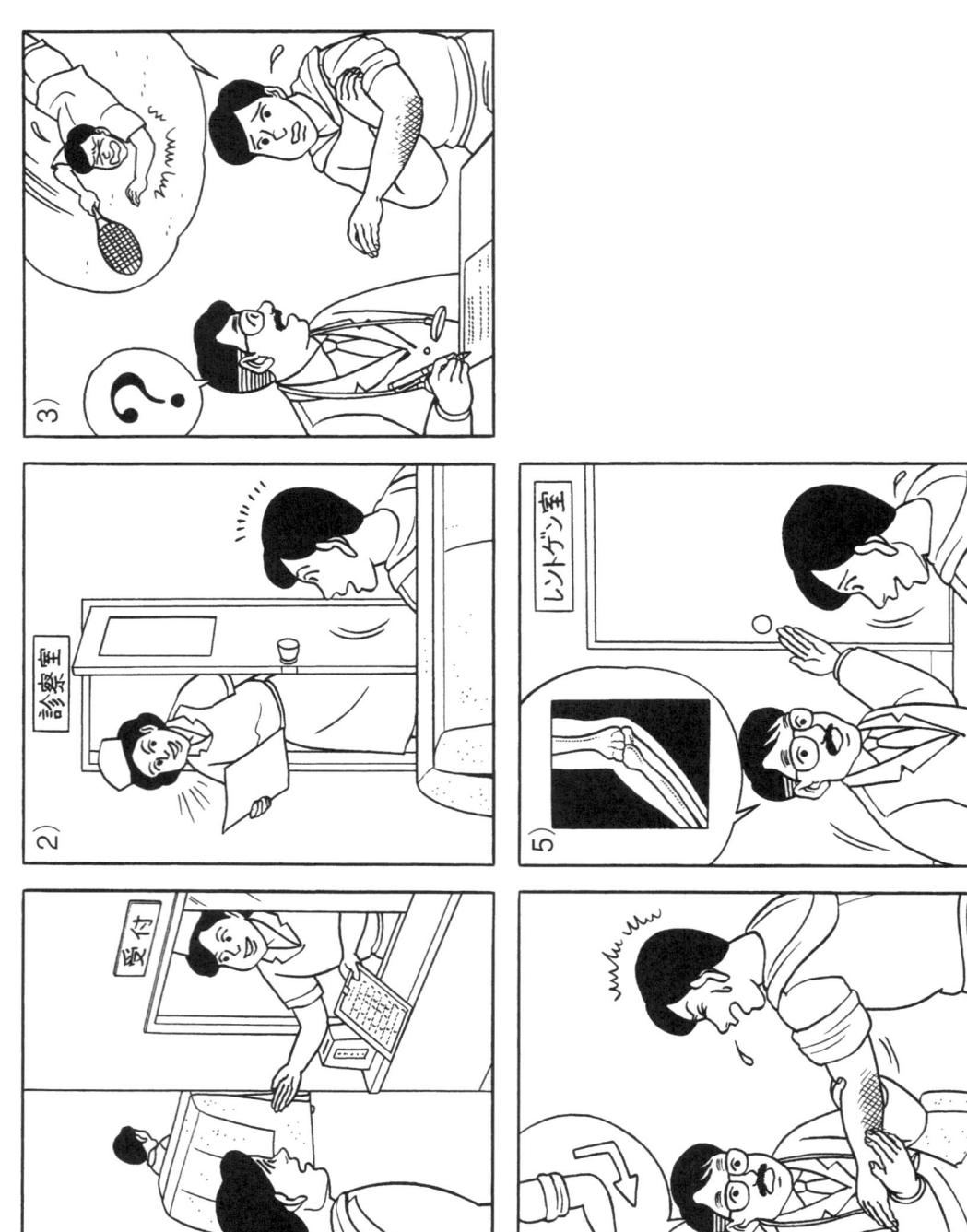

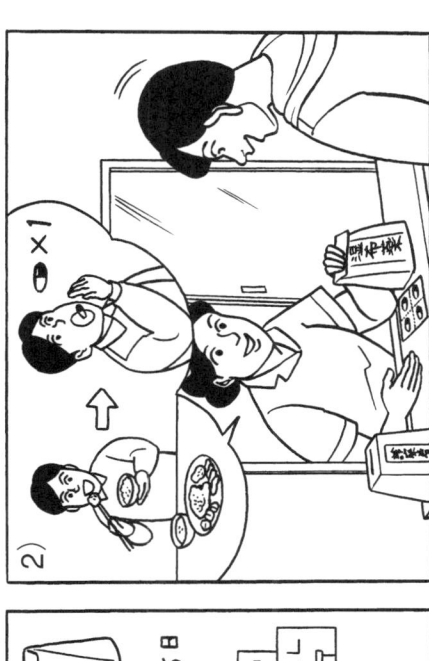

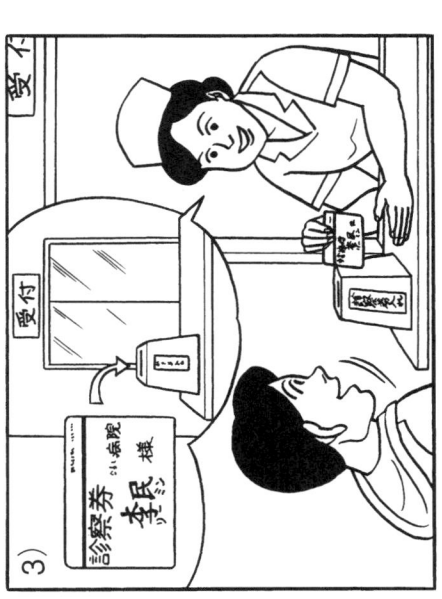

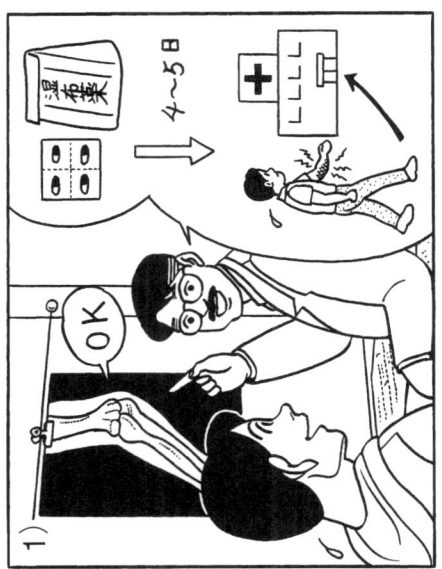

第8課　会話2　買った物を取り替える

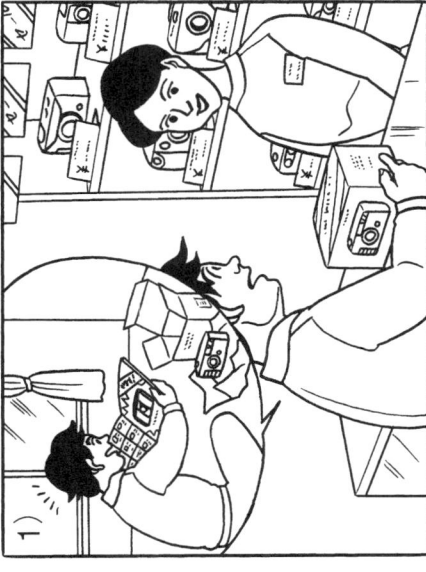

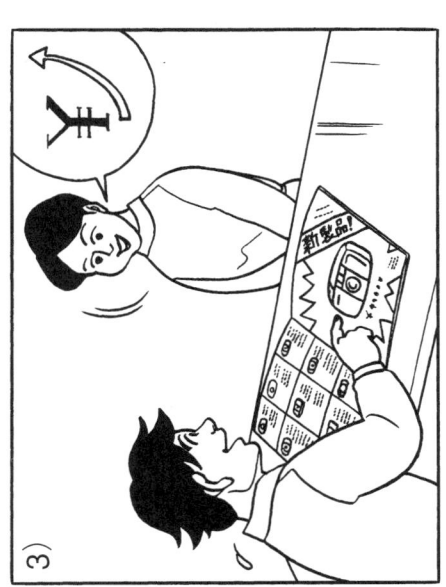

1)　技術センター

2)

3)　100m

4)　桜通り　商店街

第10課　会話1　コンピューターの使い方の説明を聞く

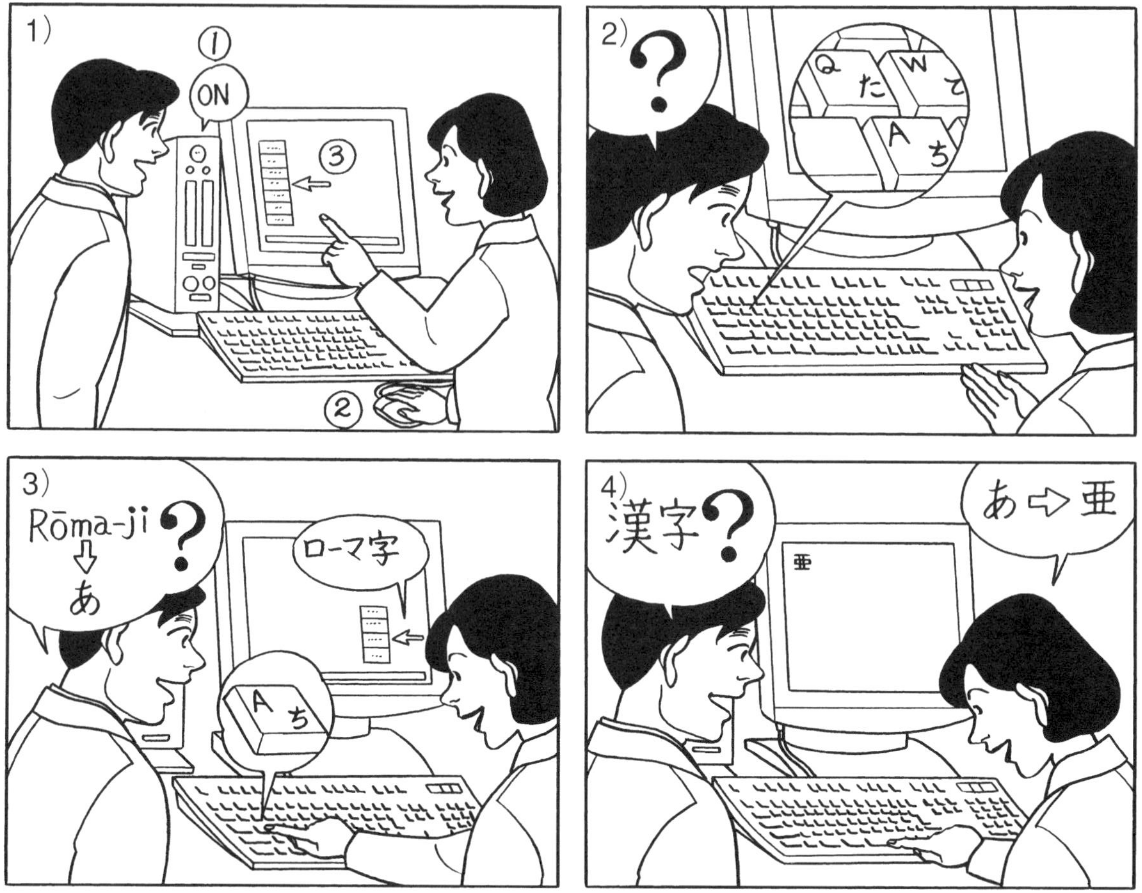

第10課　会話2　ギョーザの作り方を説明する

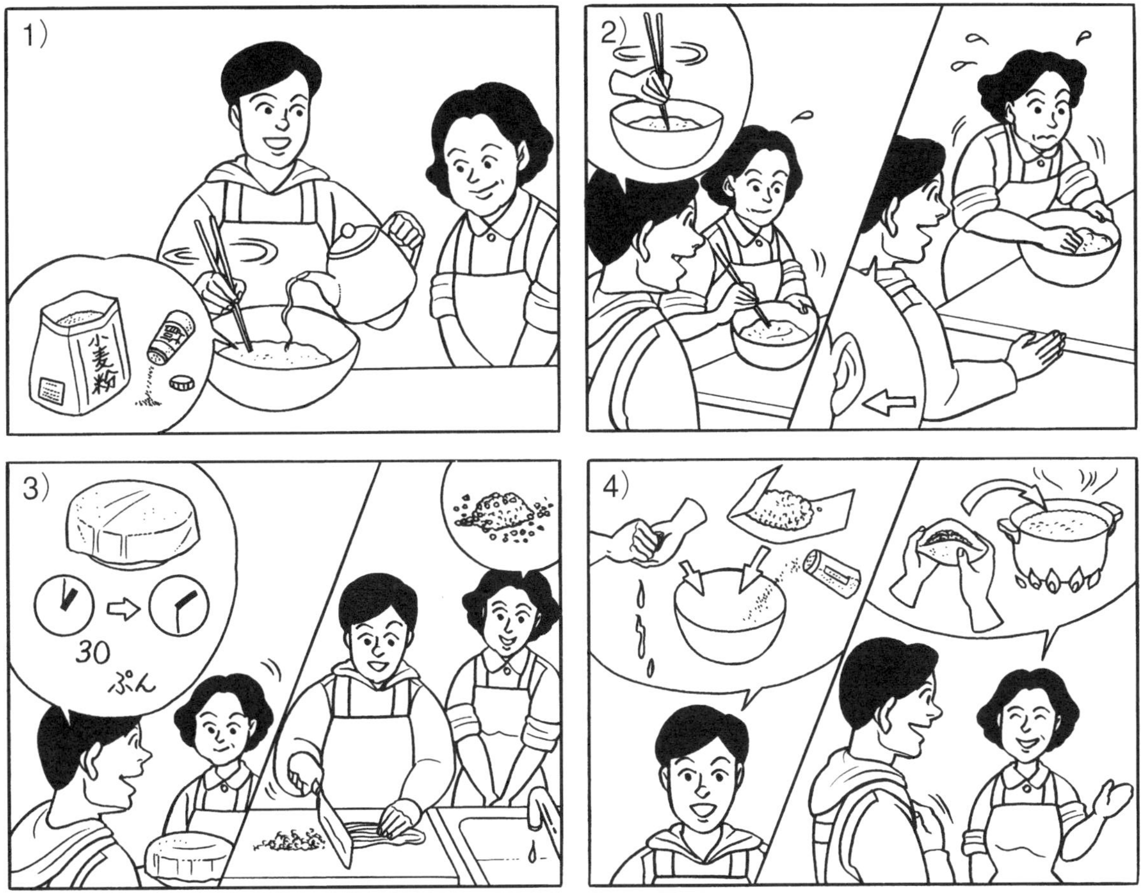

第11課　会話2　おごる

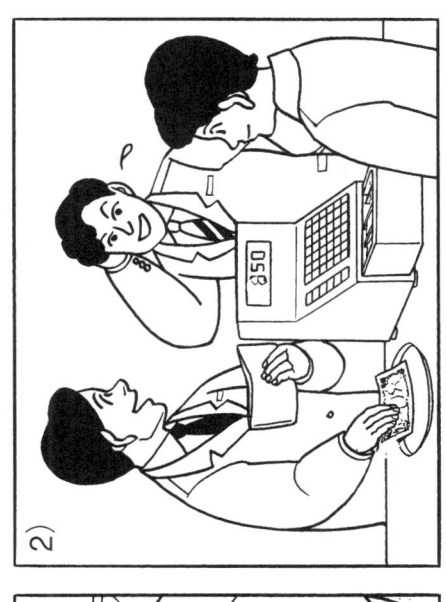

第11課　会話3　割り勘にする

30

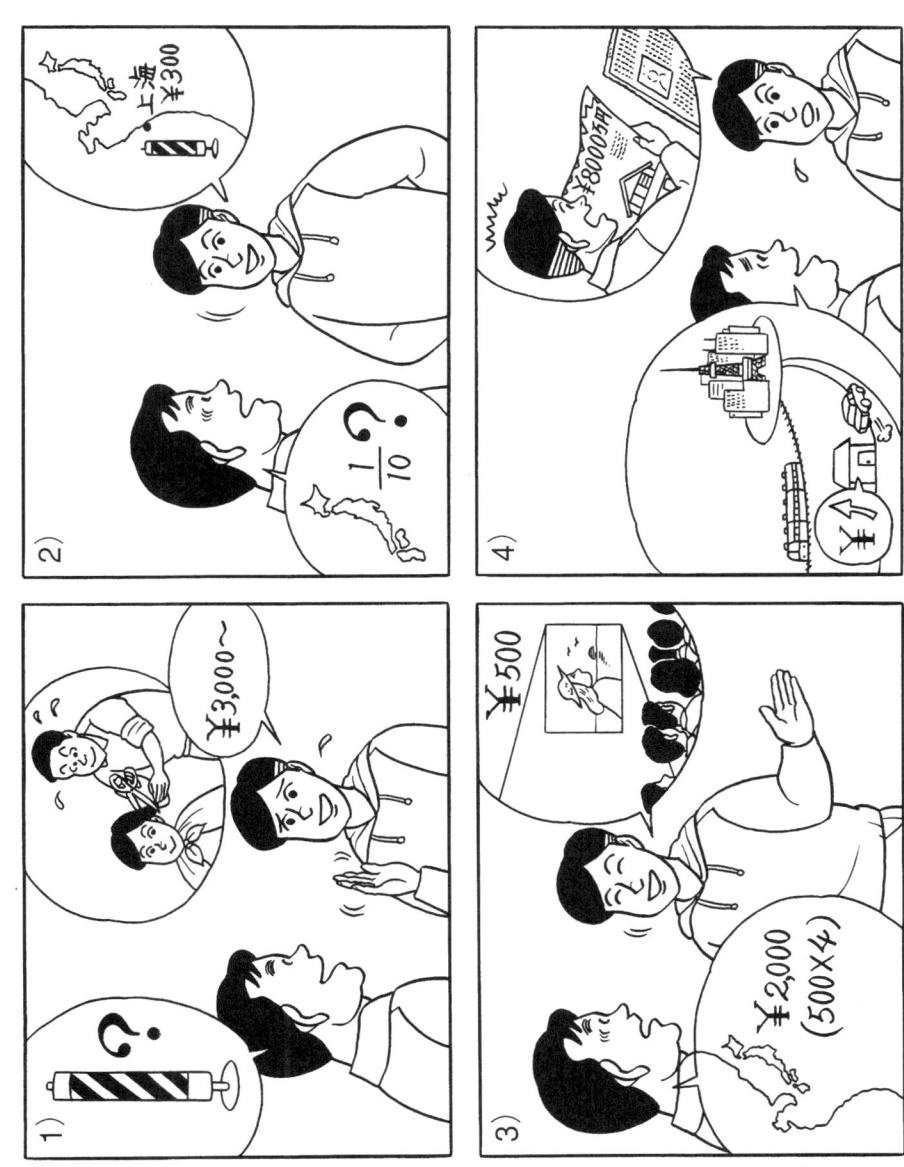

第12課　会話2　輸入品を比較する

1)

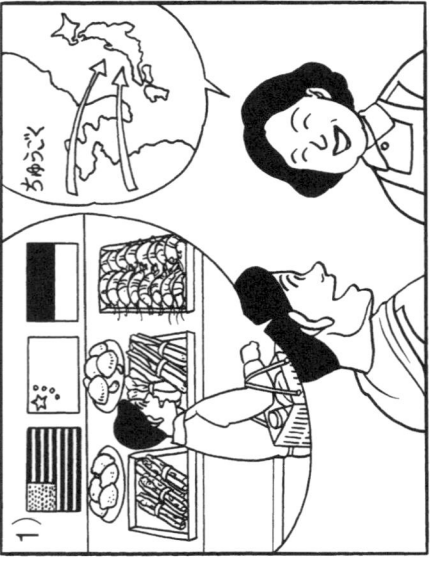

2)

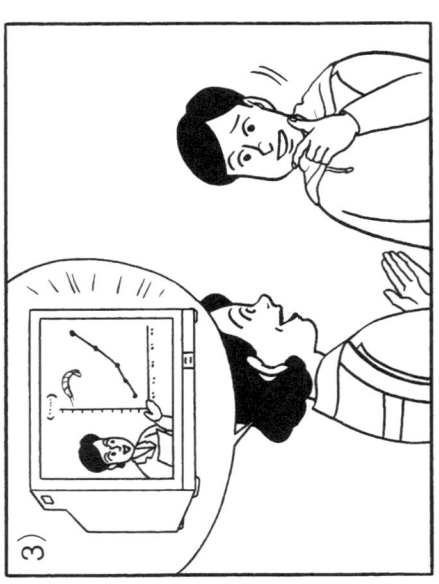

3)

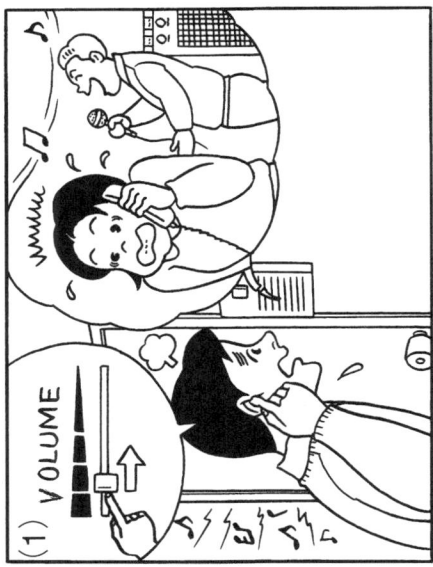

第13課 会話3 会議に遅れて謝る

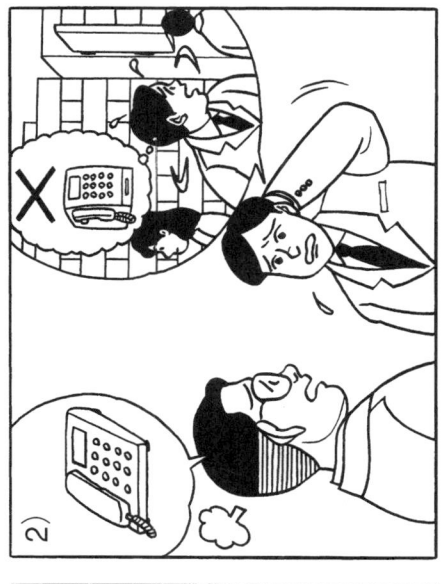

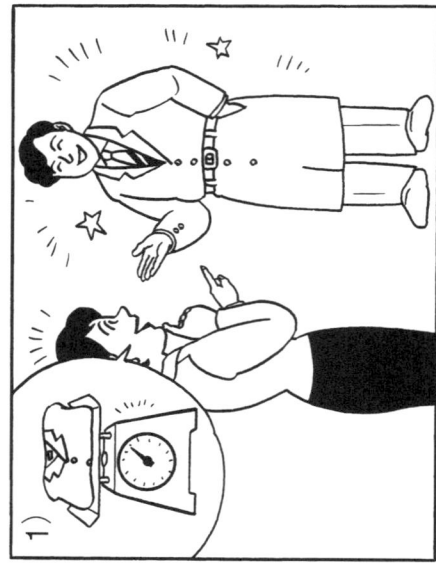

第15課　会話1　自分の仕事を説明する

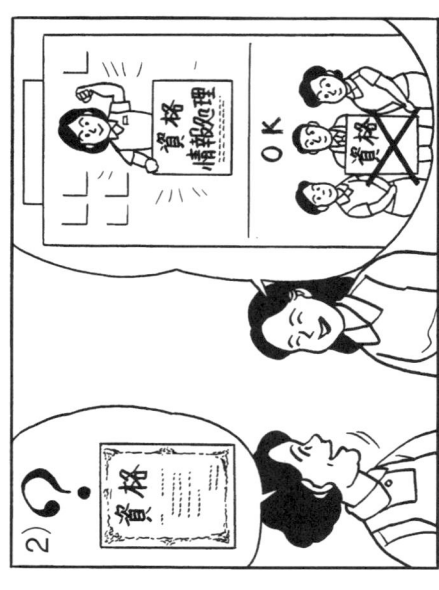

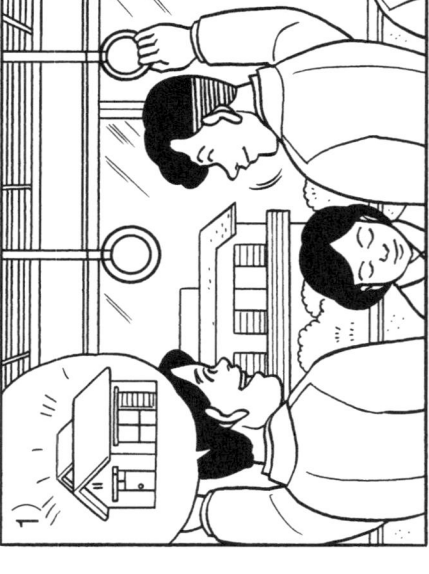

第16課 会話2 朝のラッシュを例える

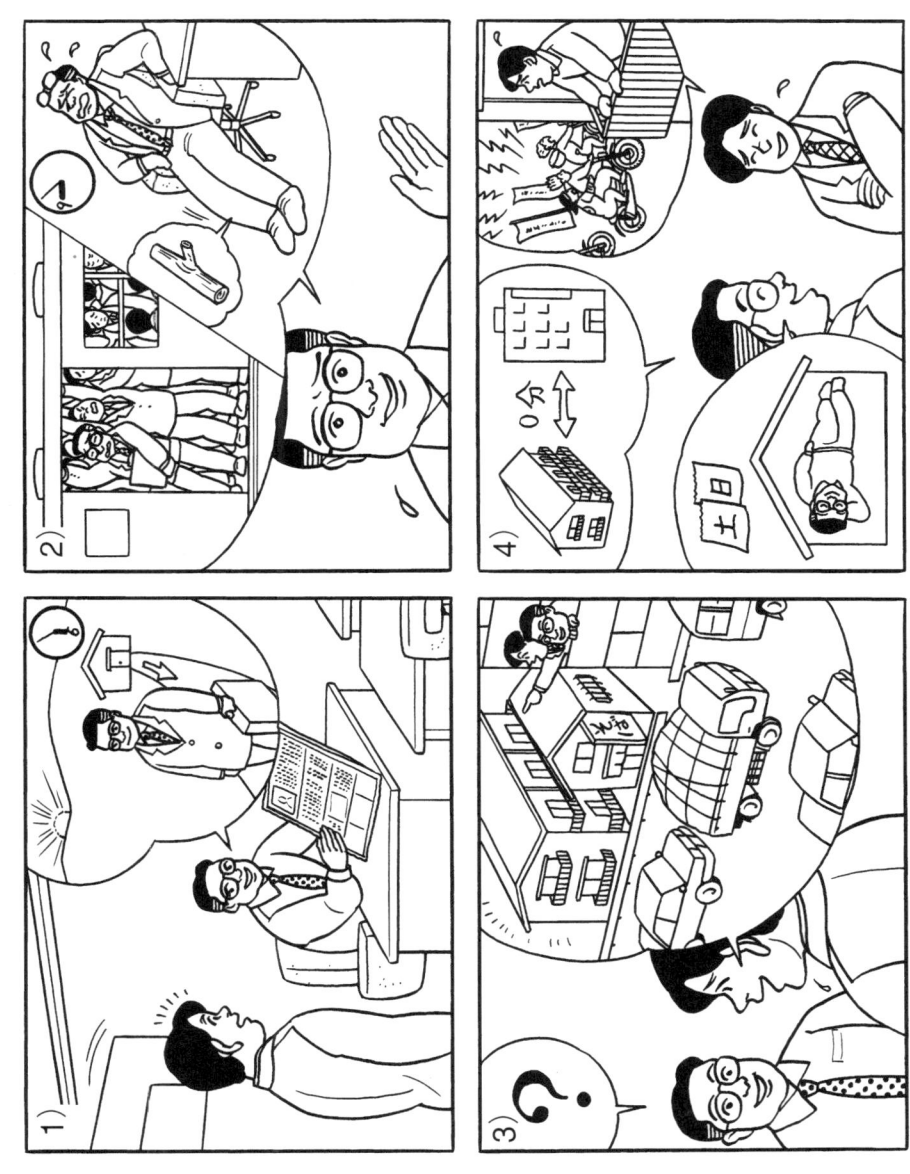

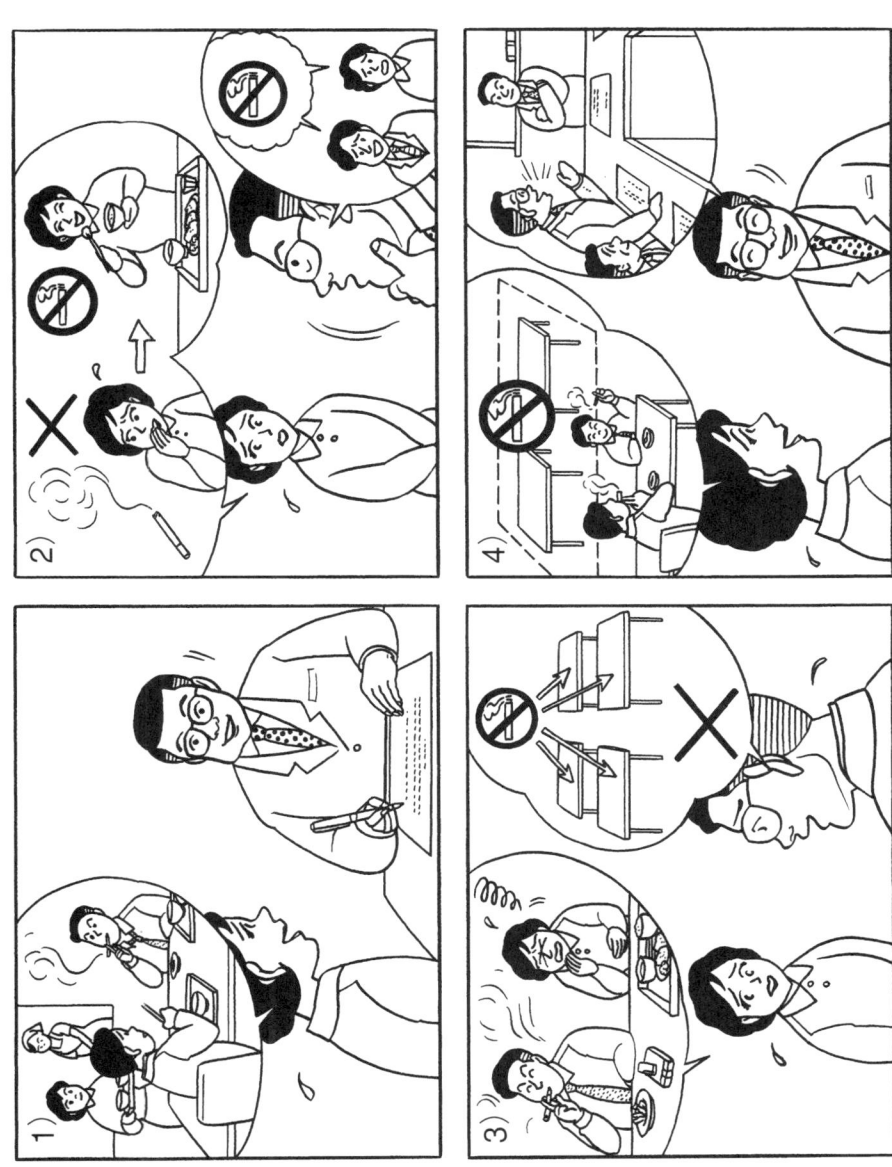

第18課　会話1　富士登山の計画を立てる

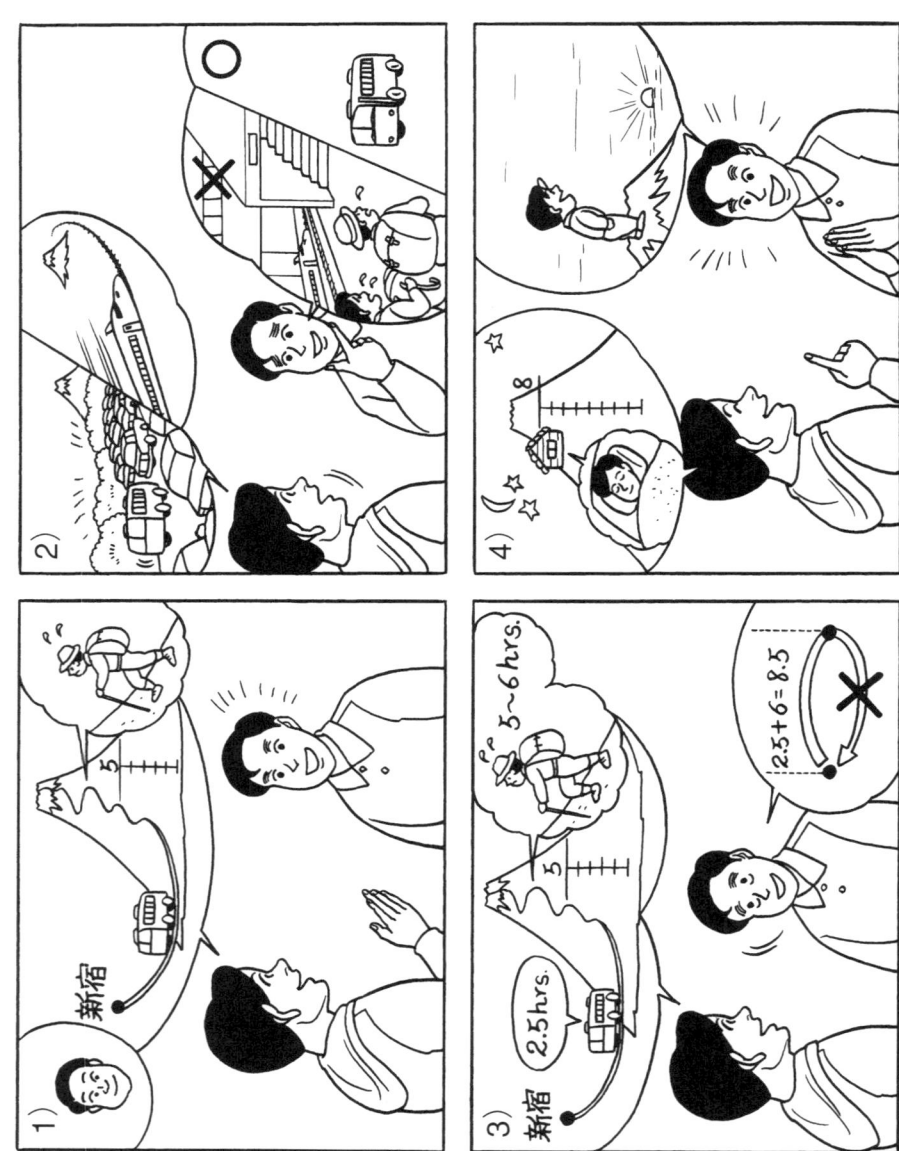

第19課　会話1　大家族と核家族について話し合う

46

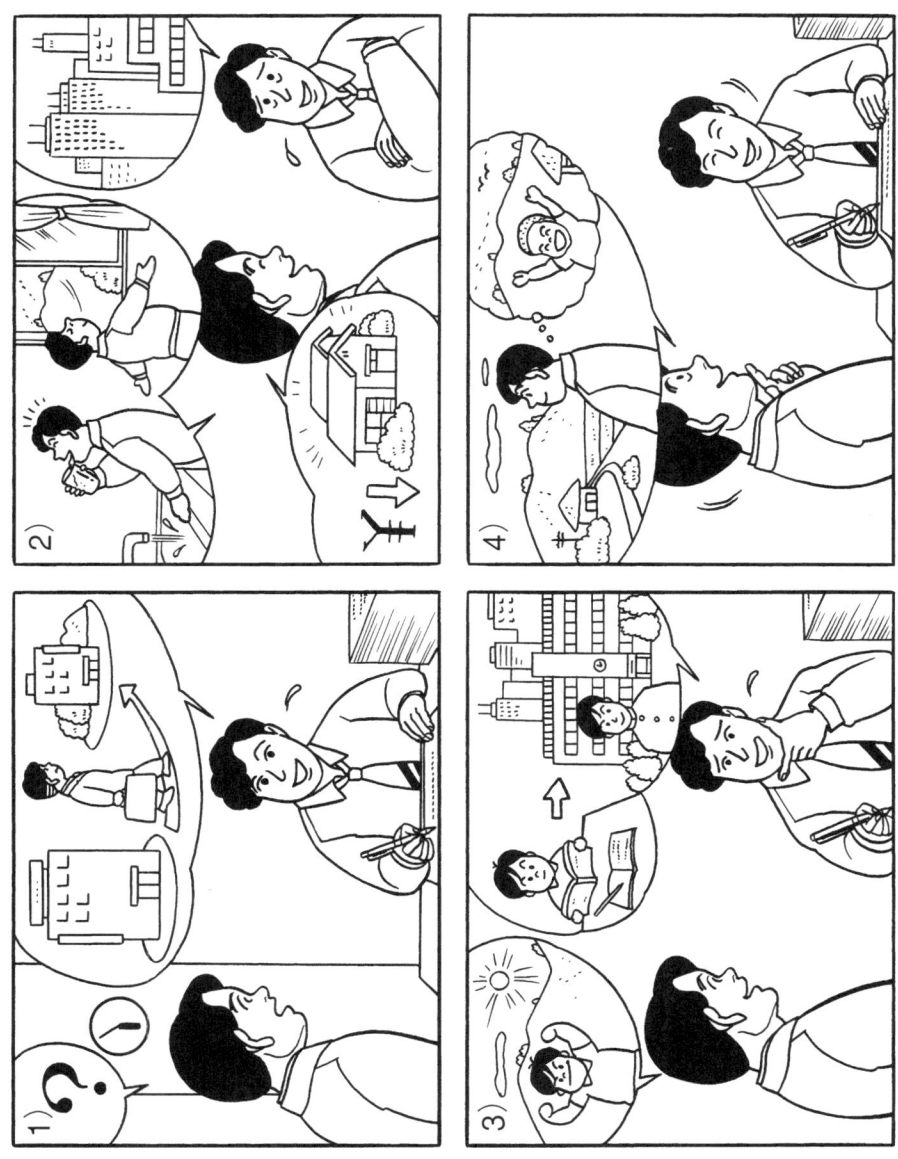

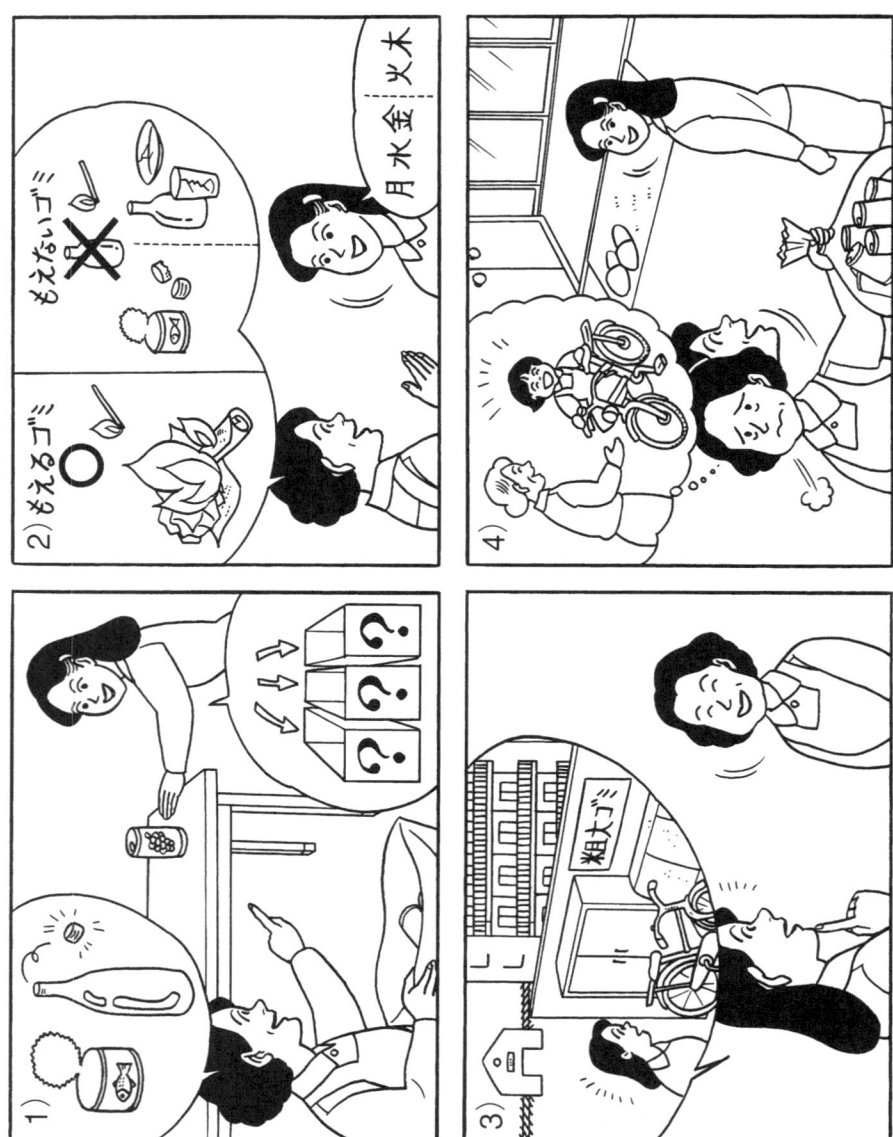

第20課　会話2　リサイクルする

語彙シート

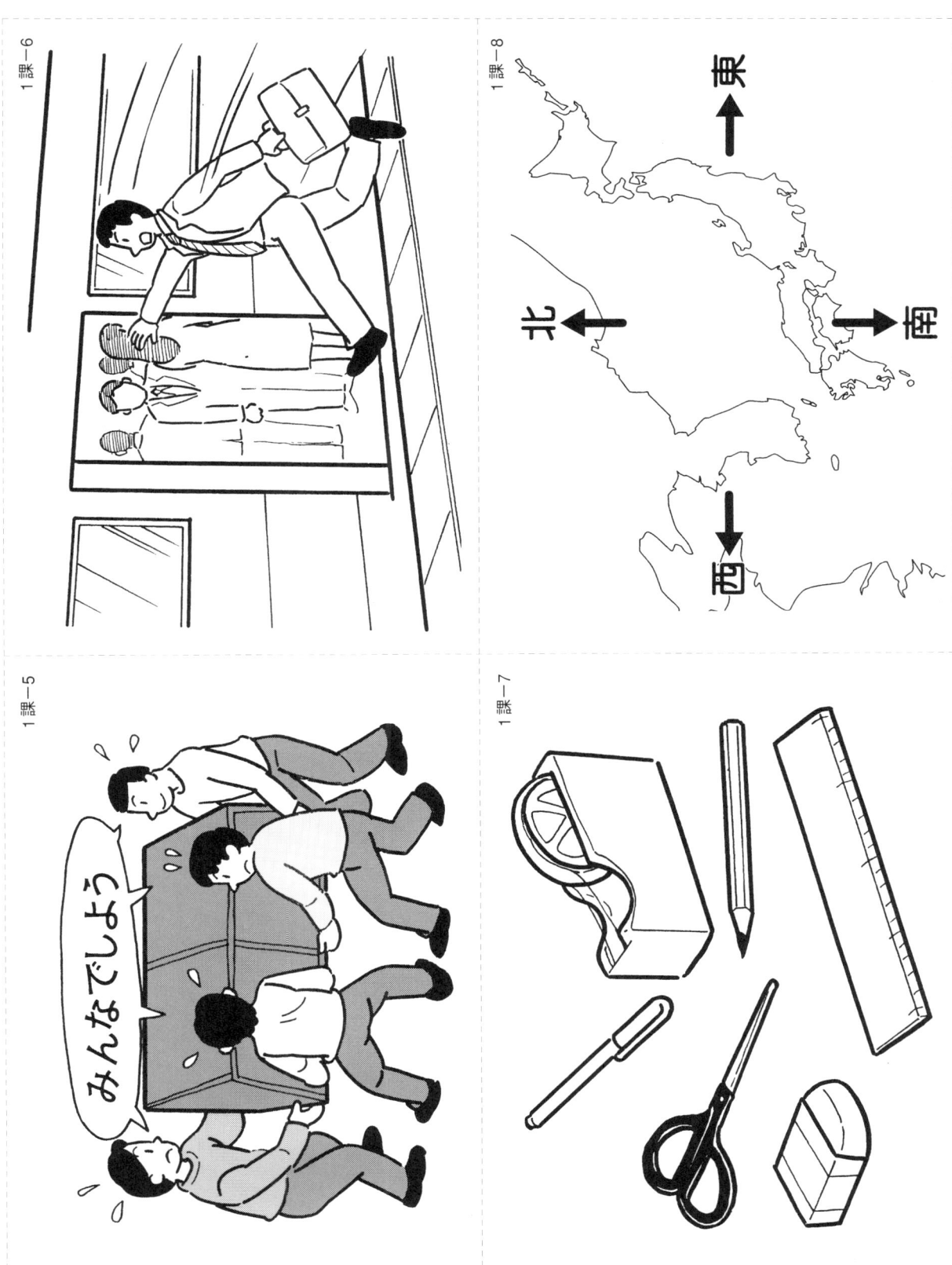

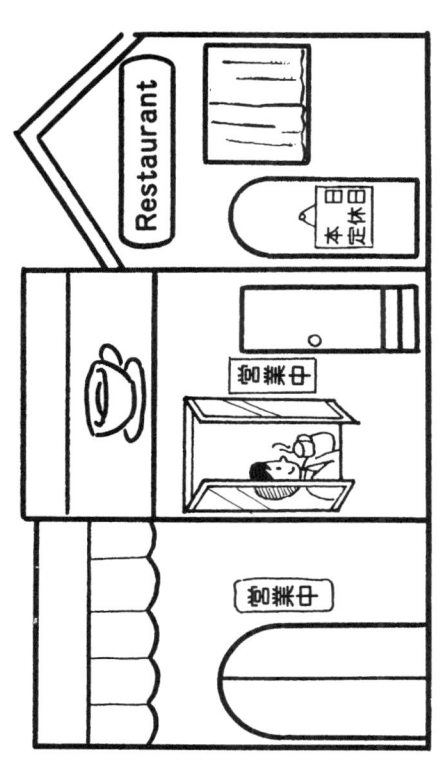

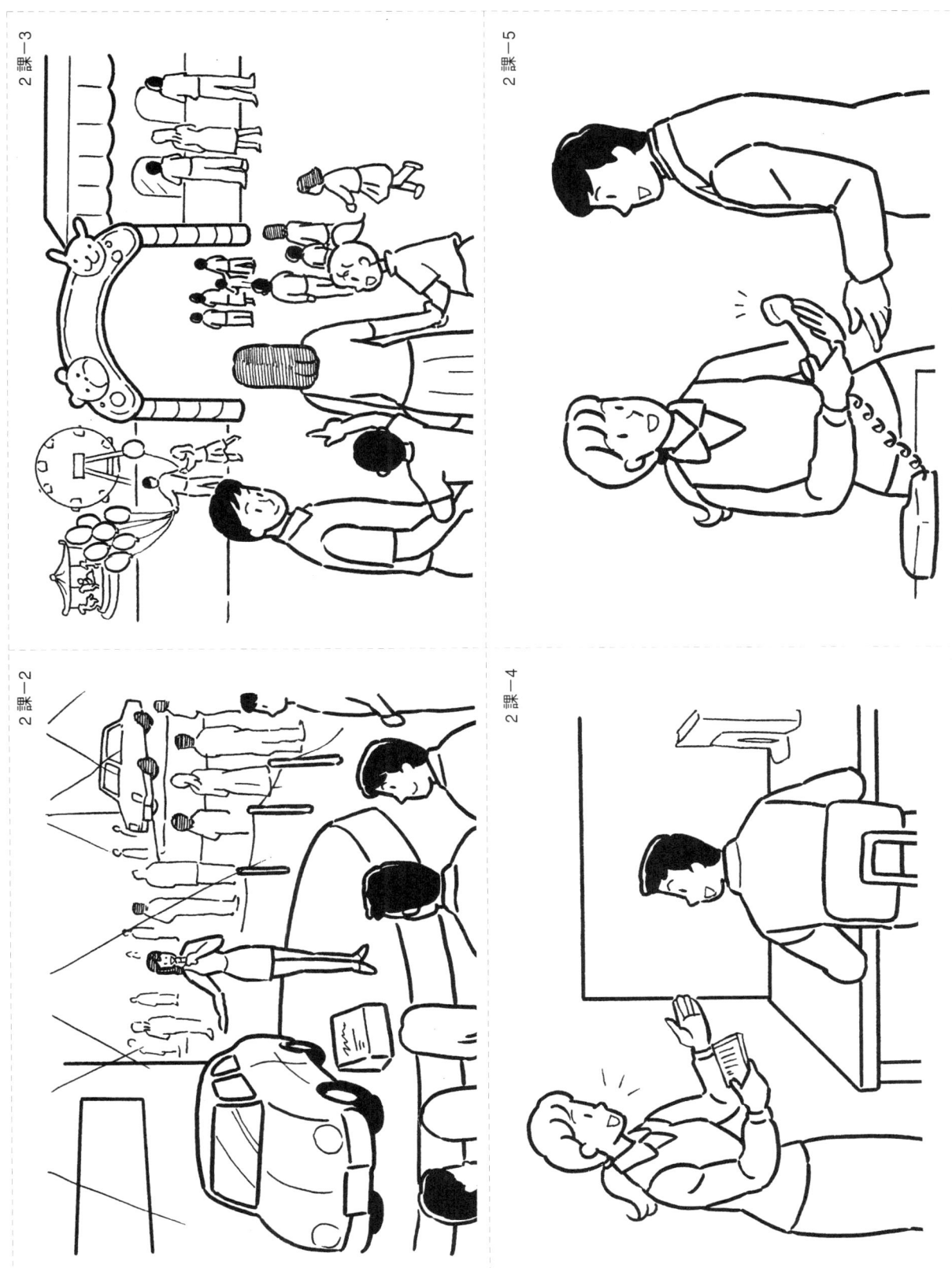

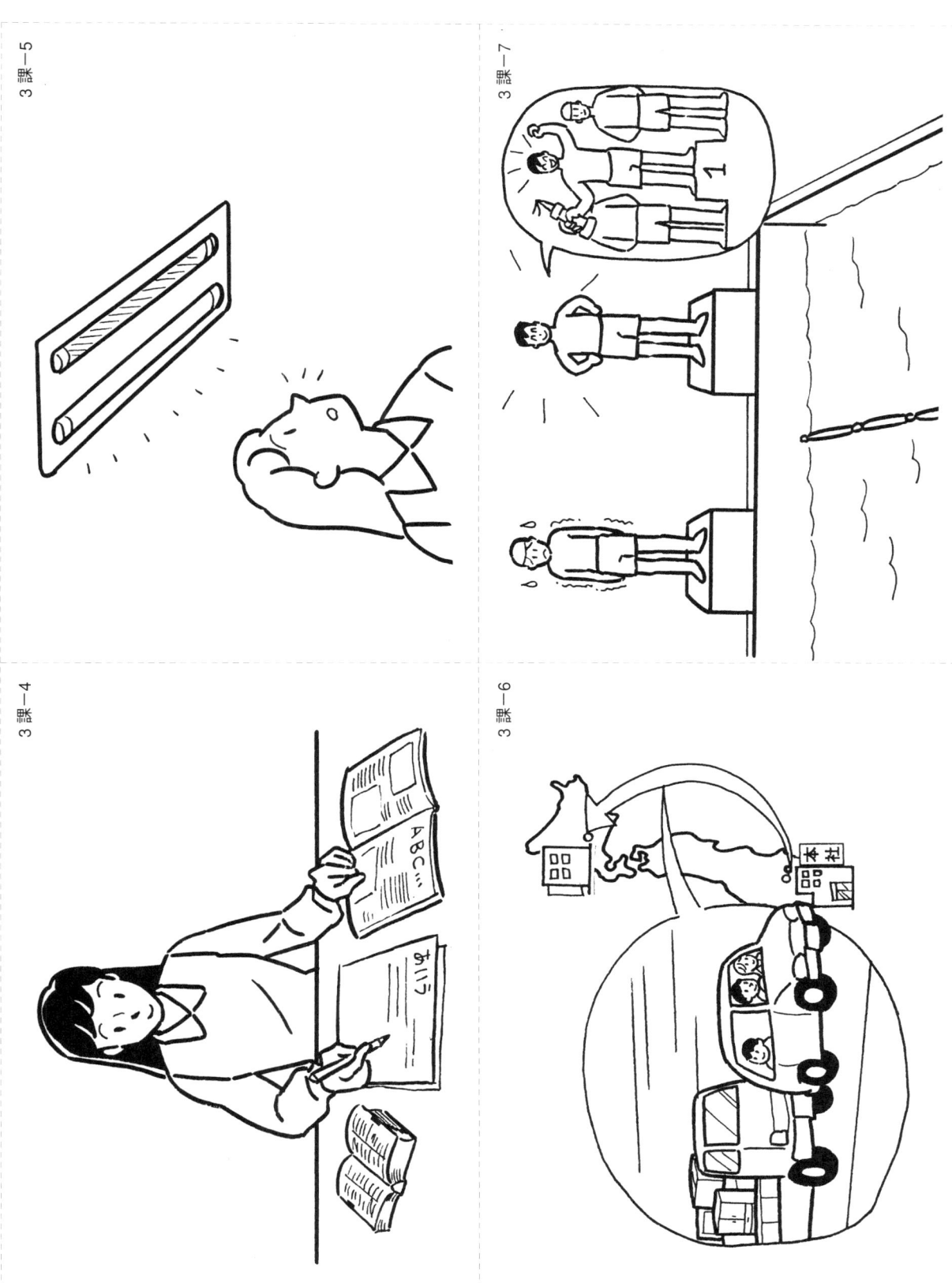

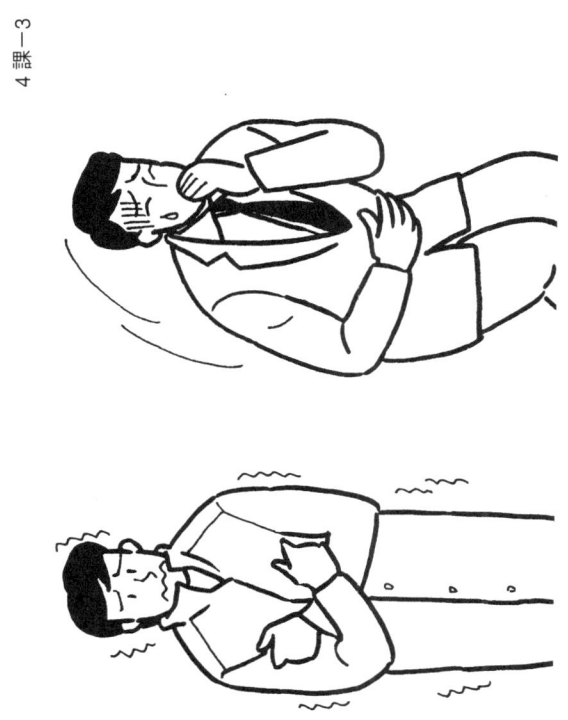

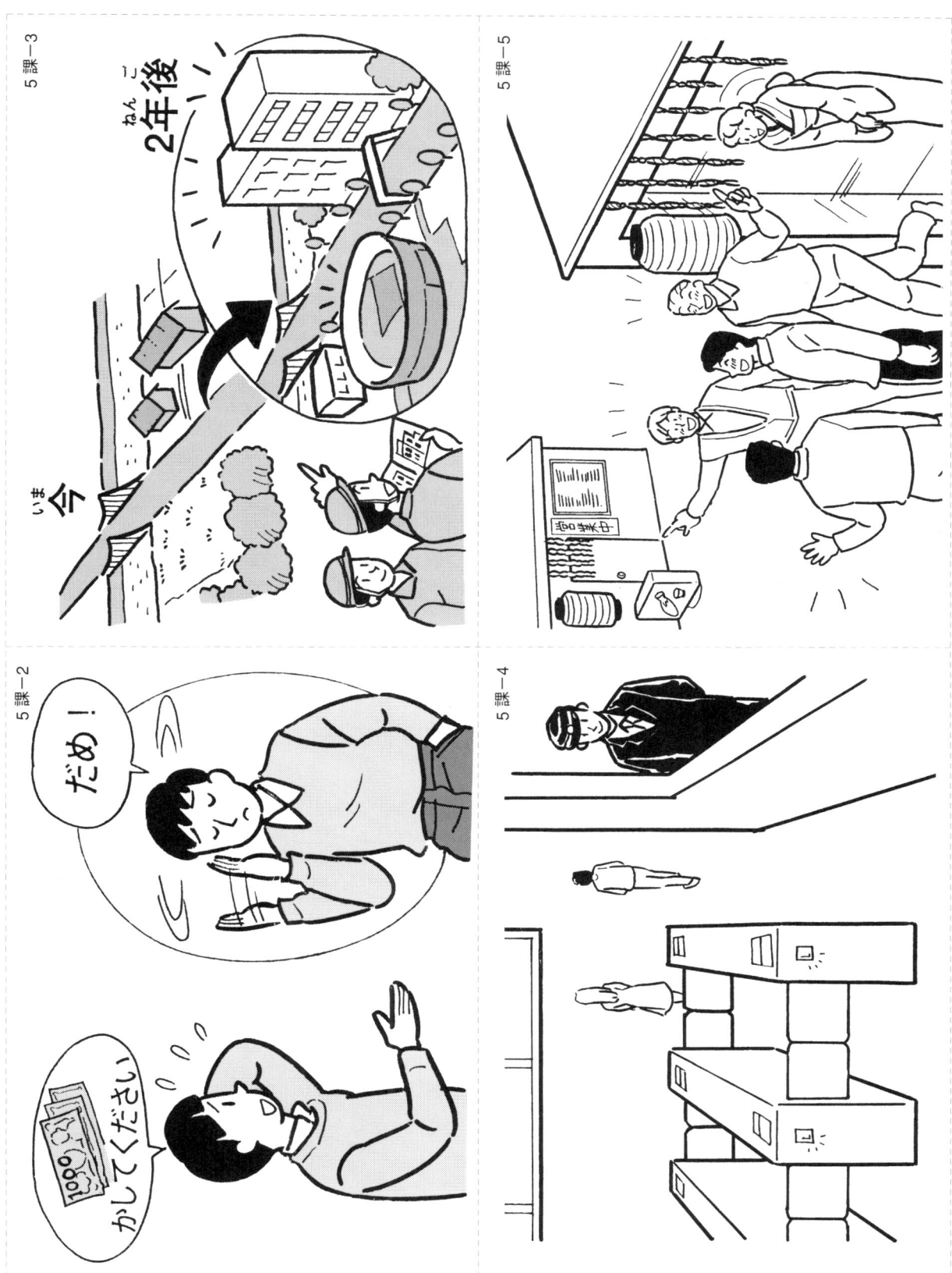

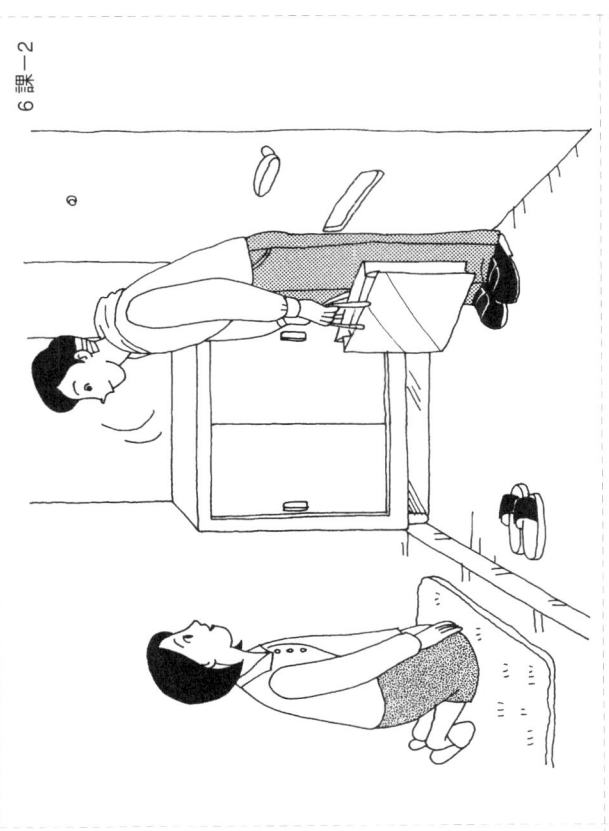

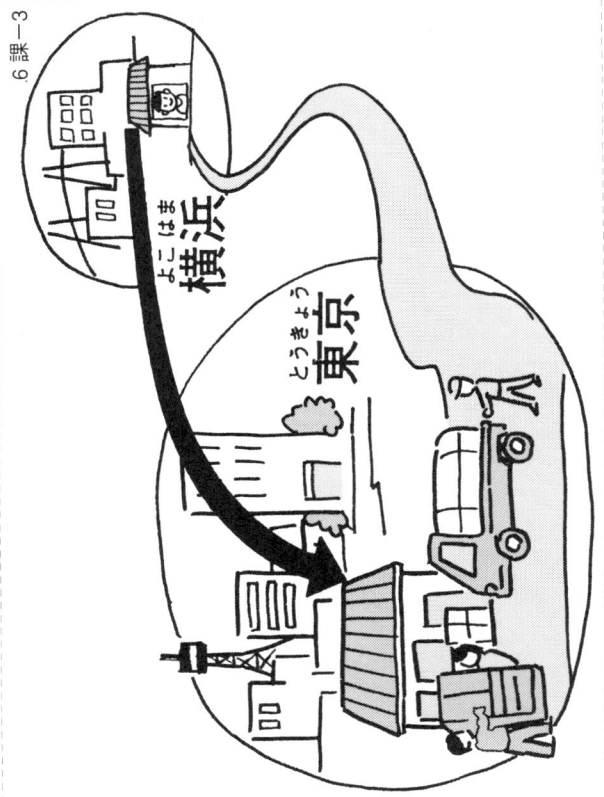

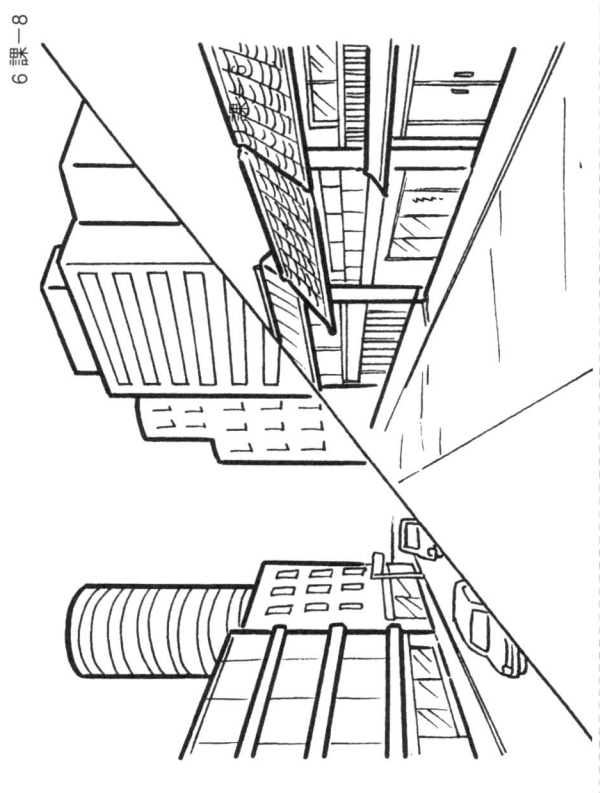

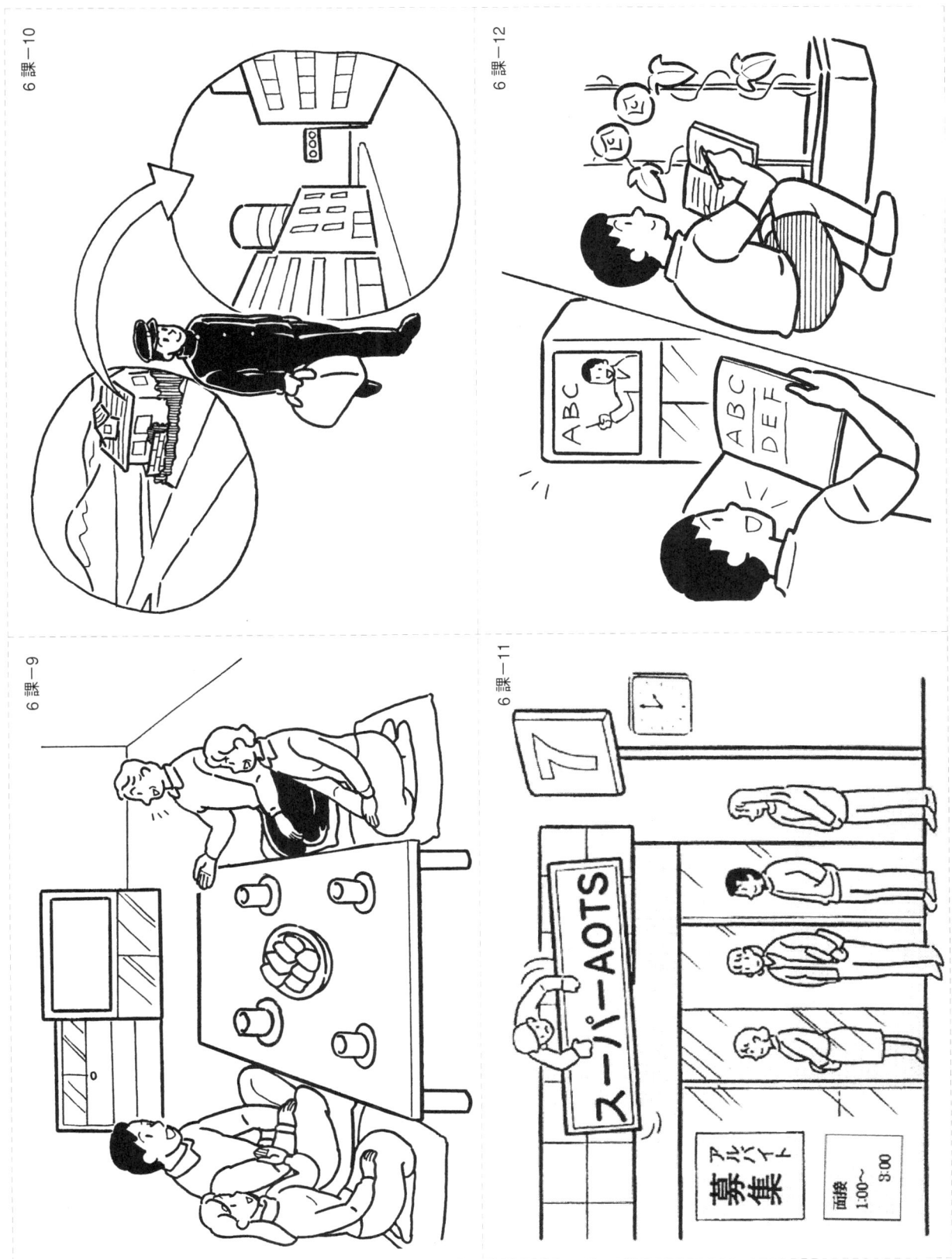

6課—10

6課—12

6課—9

6課—11

75

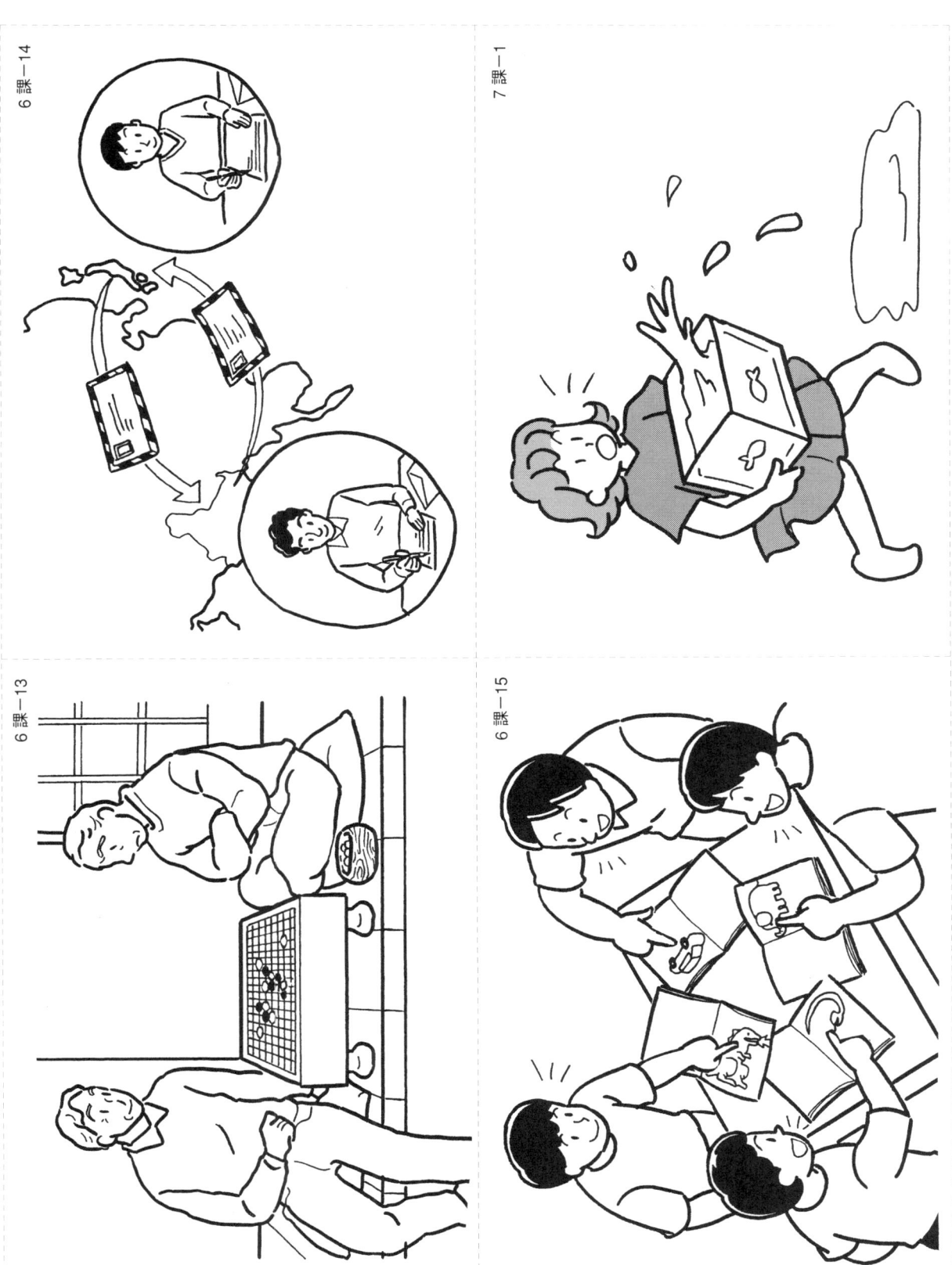

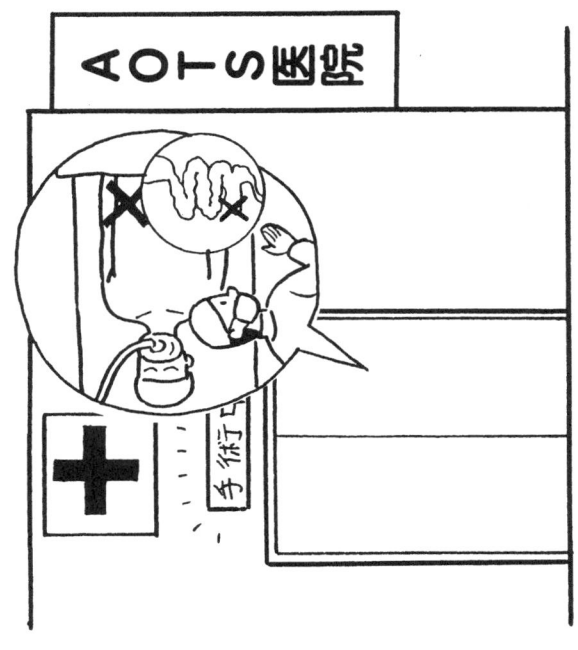

 7課－3

 7課－5

 7課－2

 7課－4

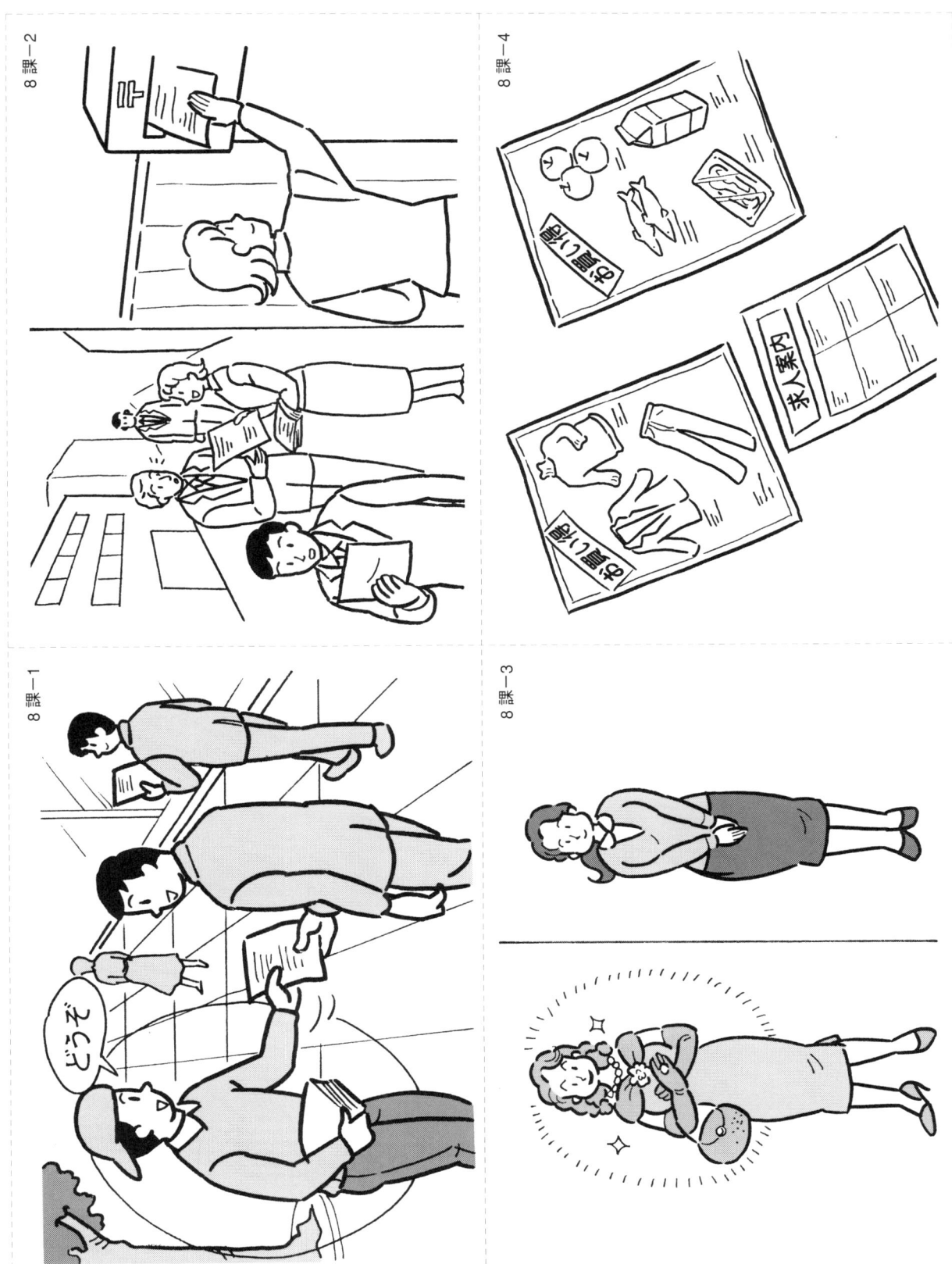

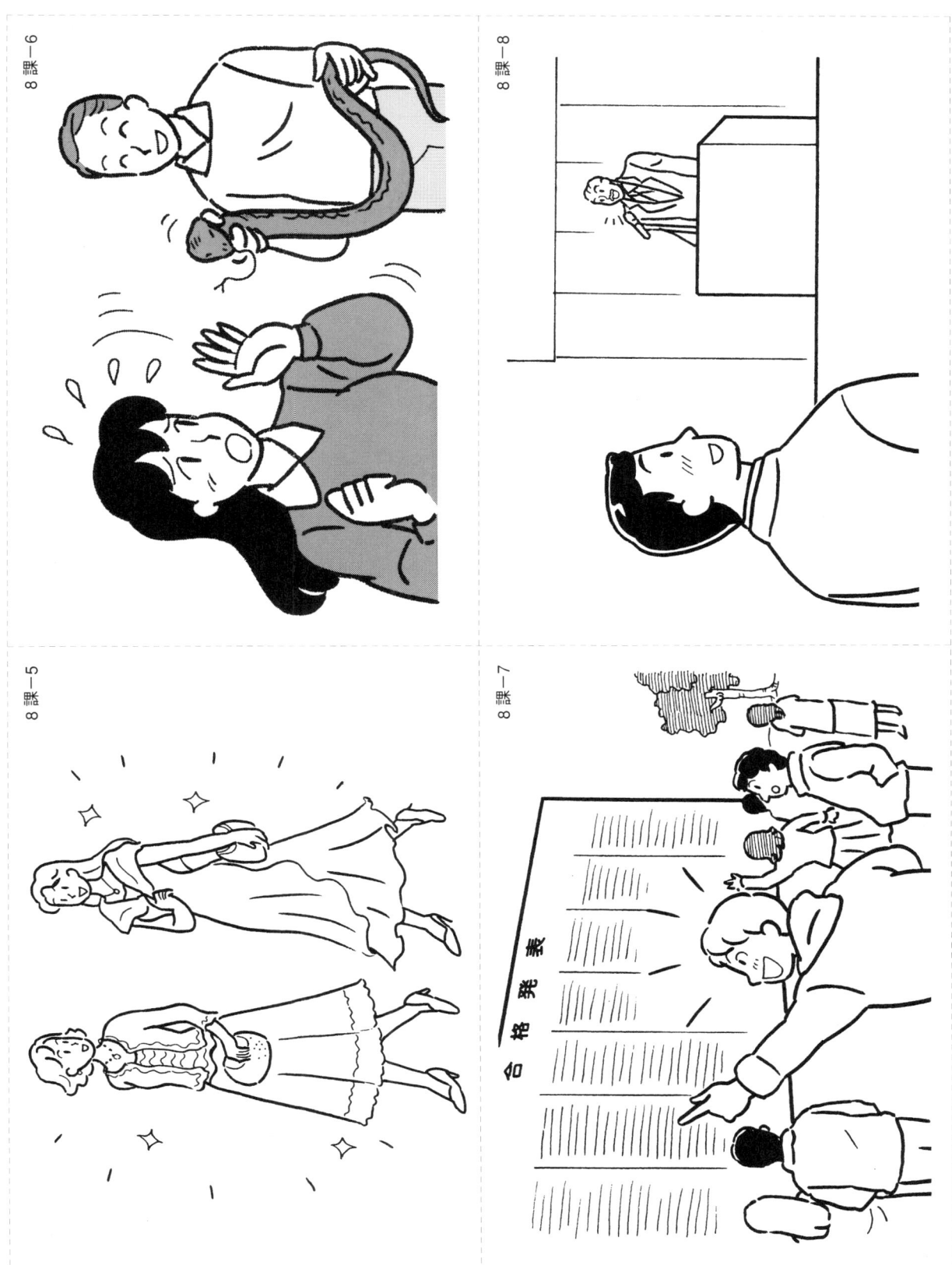

8課-6

8課-8

8課-5

8課-7

合格発表

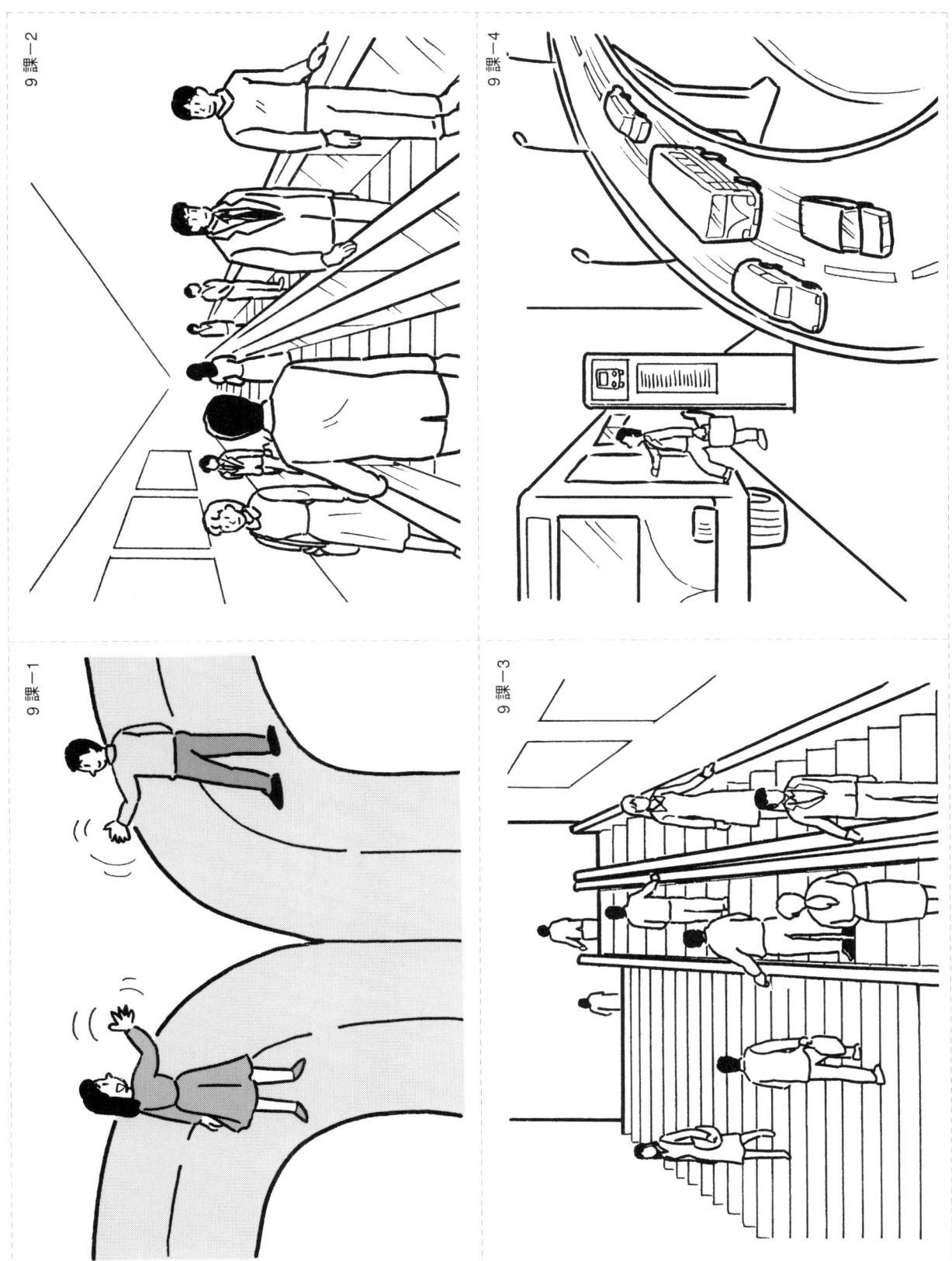

9課ー2

9課ー4

9課ー1

9課ー3

85

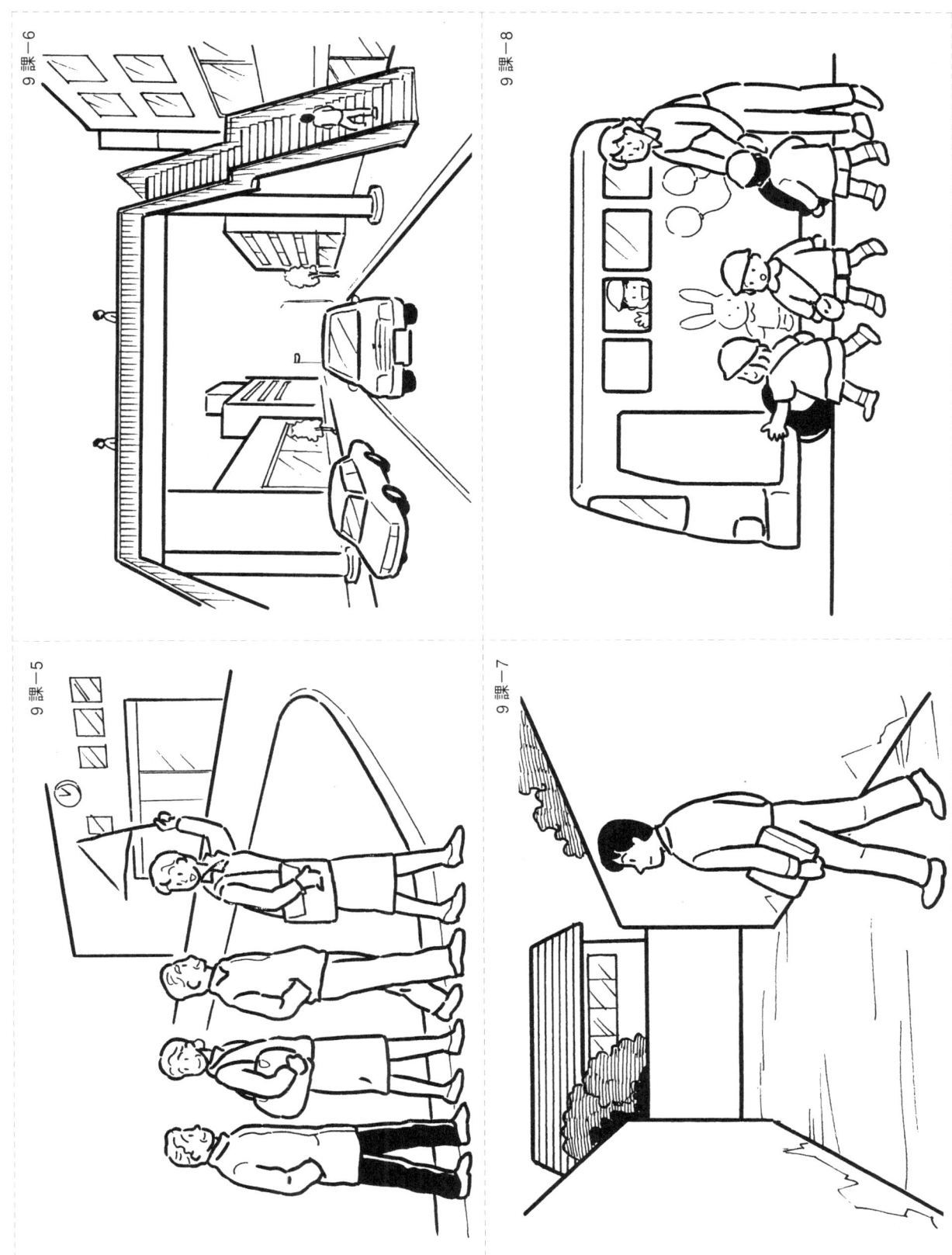

10課－1

10課－3

9課－9

10課－2

キッコーマン

バター

酢

サラダ油

小麦粉

油

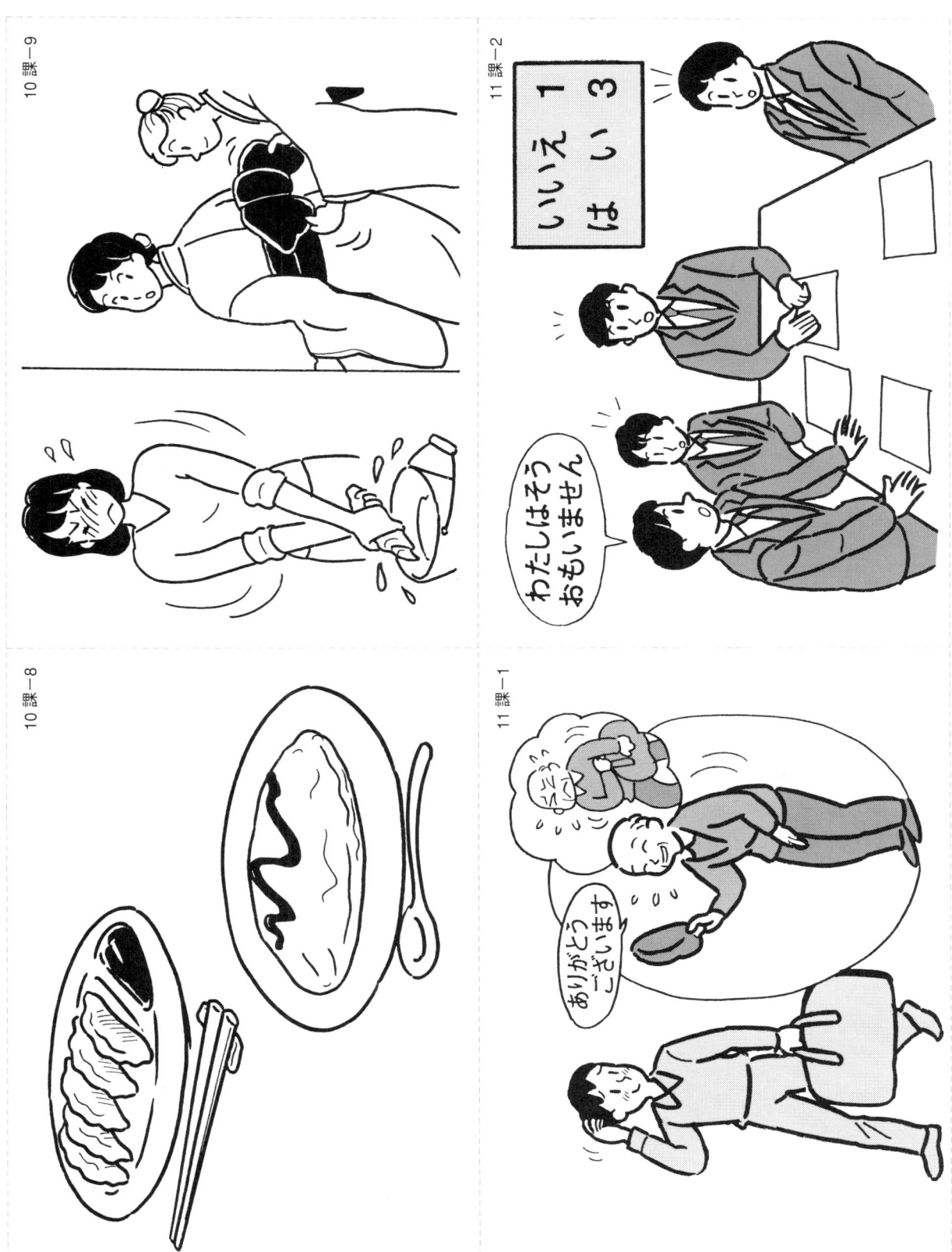

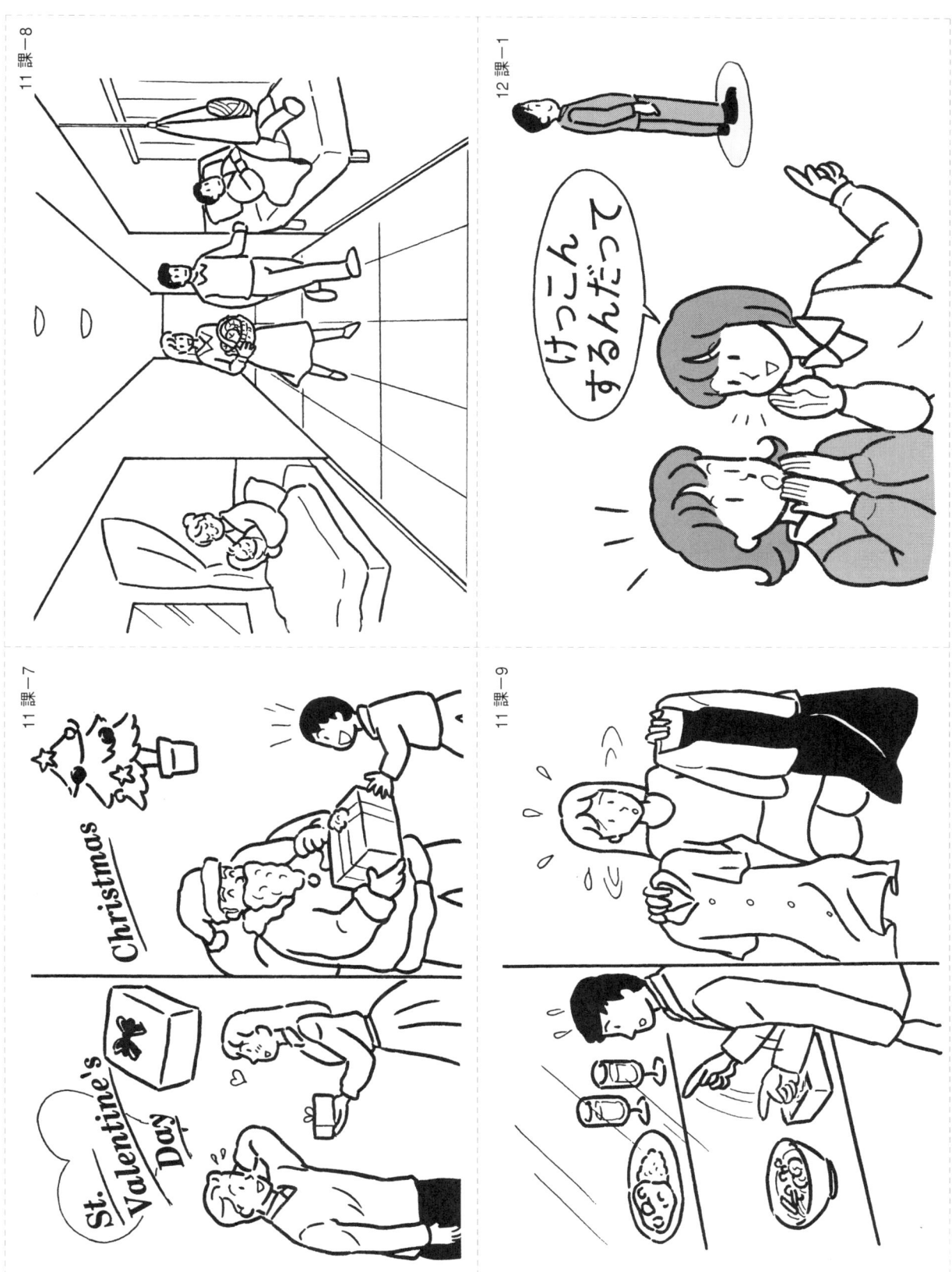

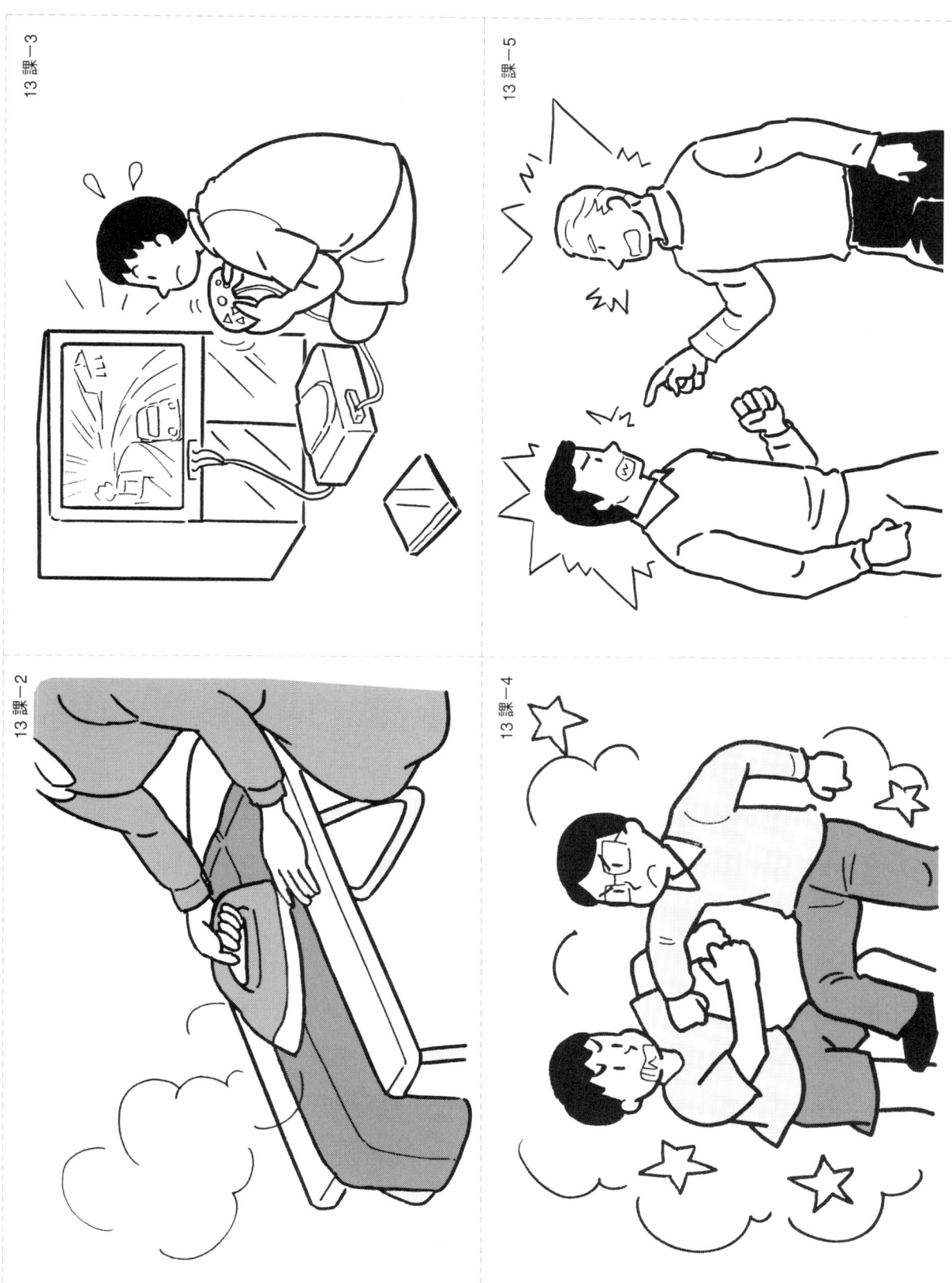

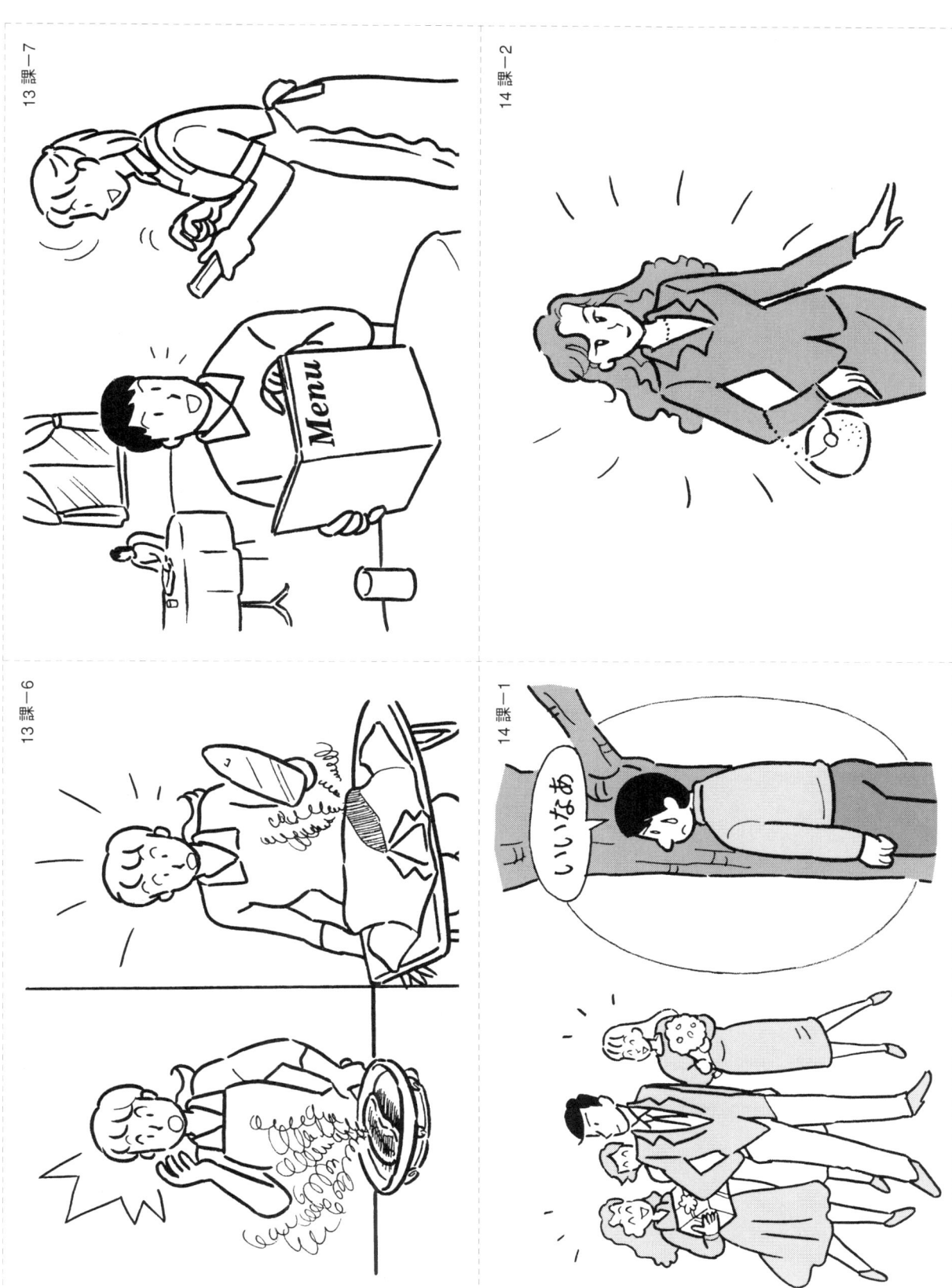

14 課—4

14 課—6

14 課—3

14 課—5

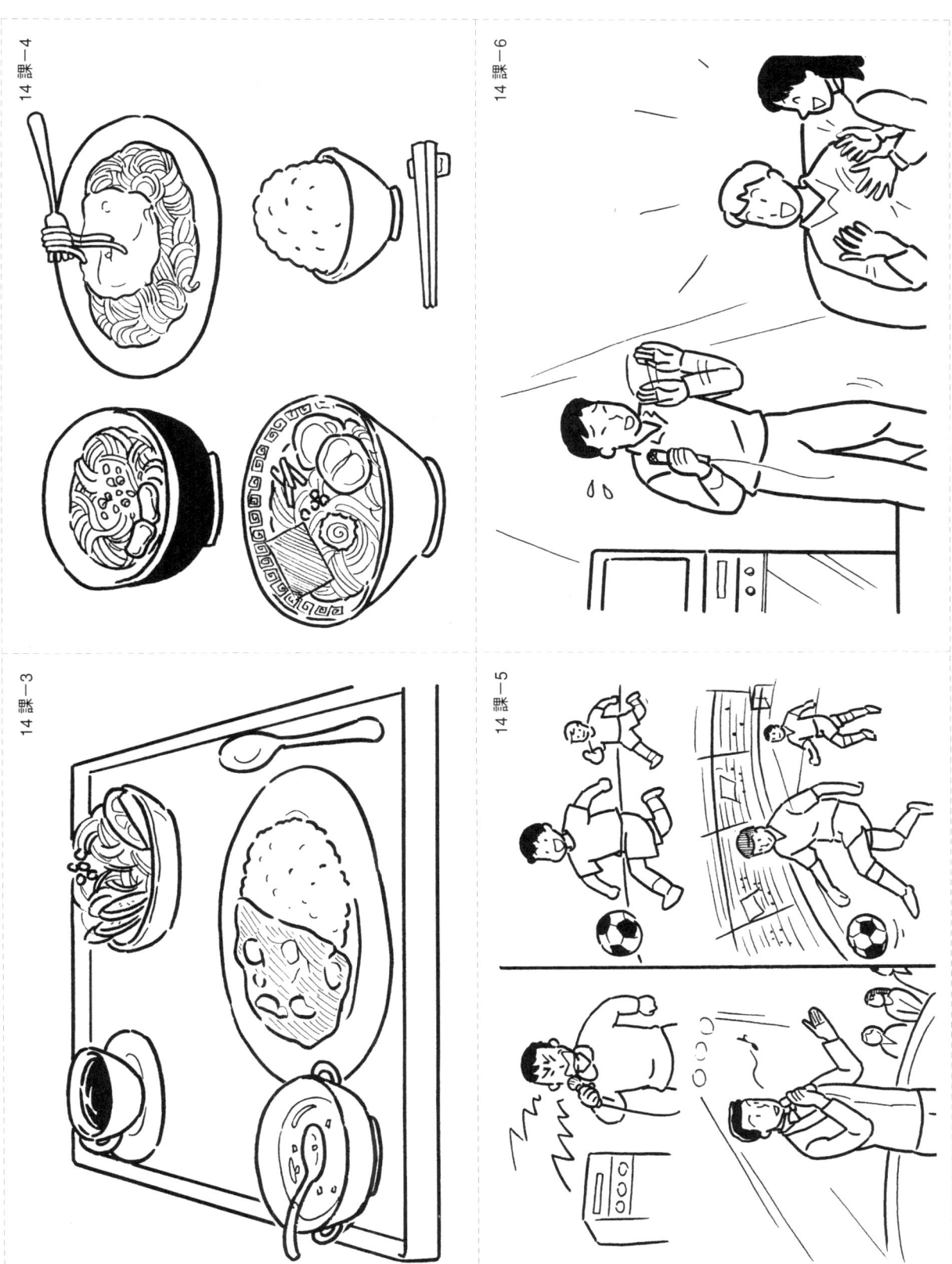

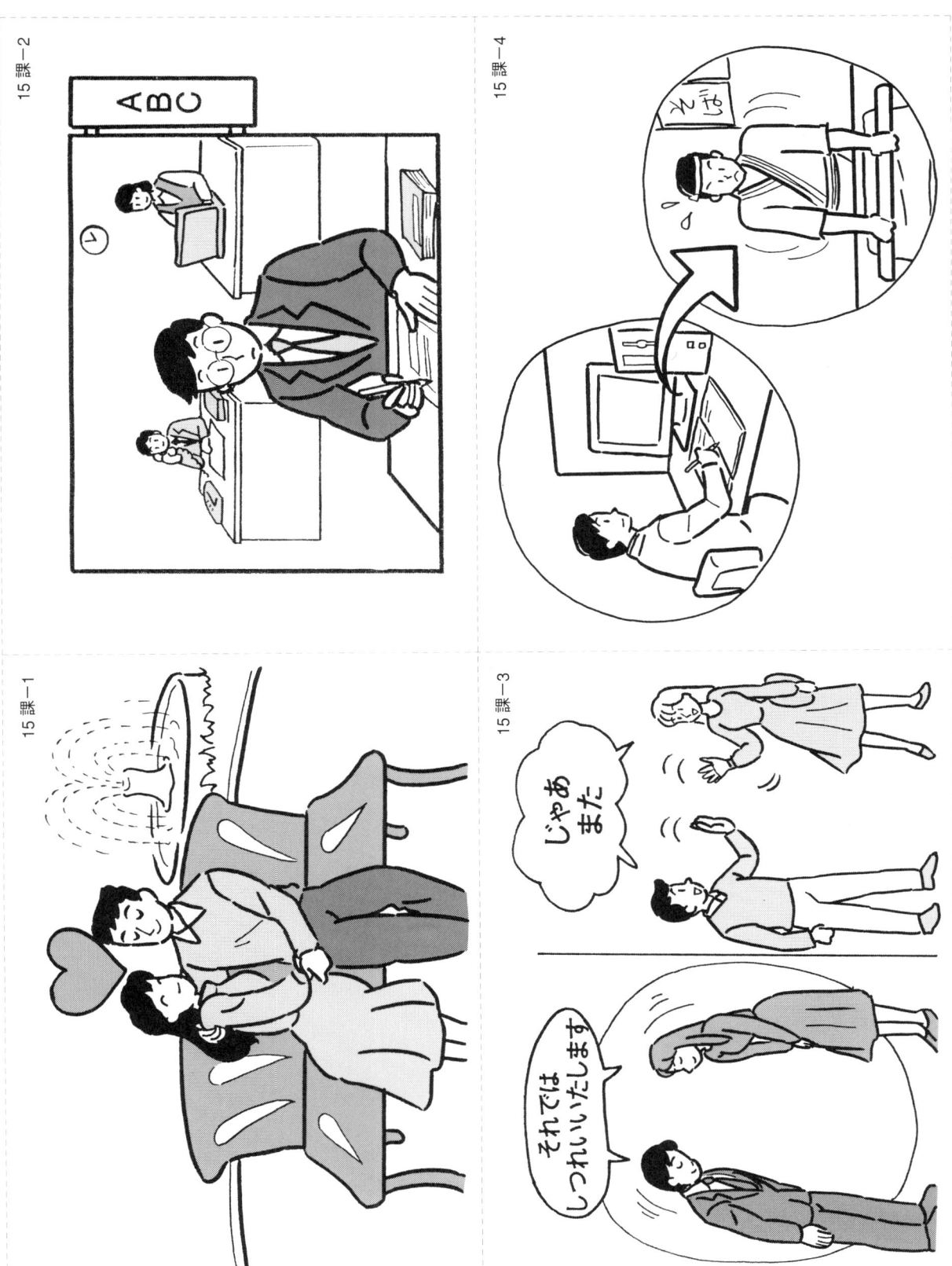

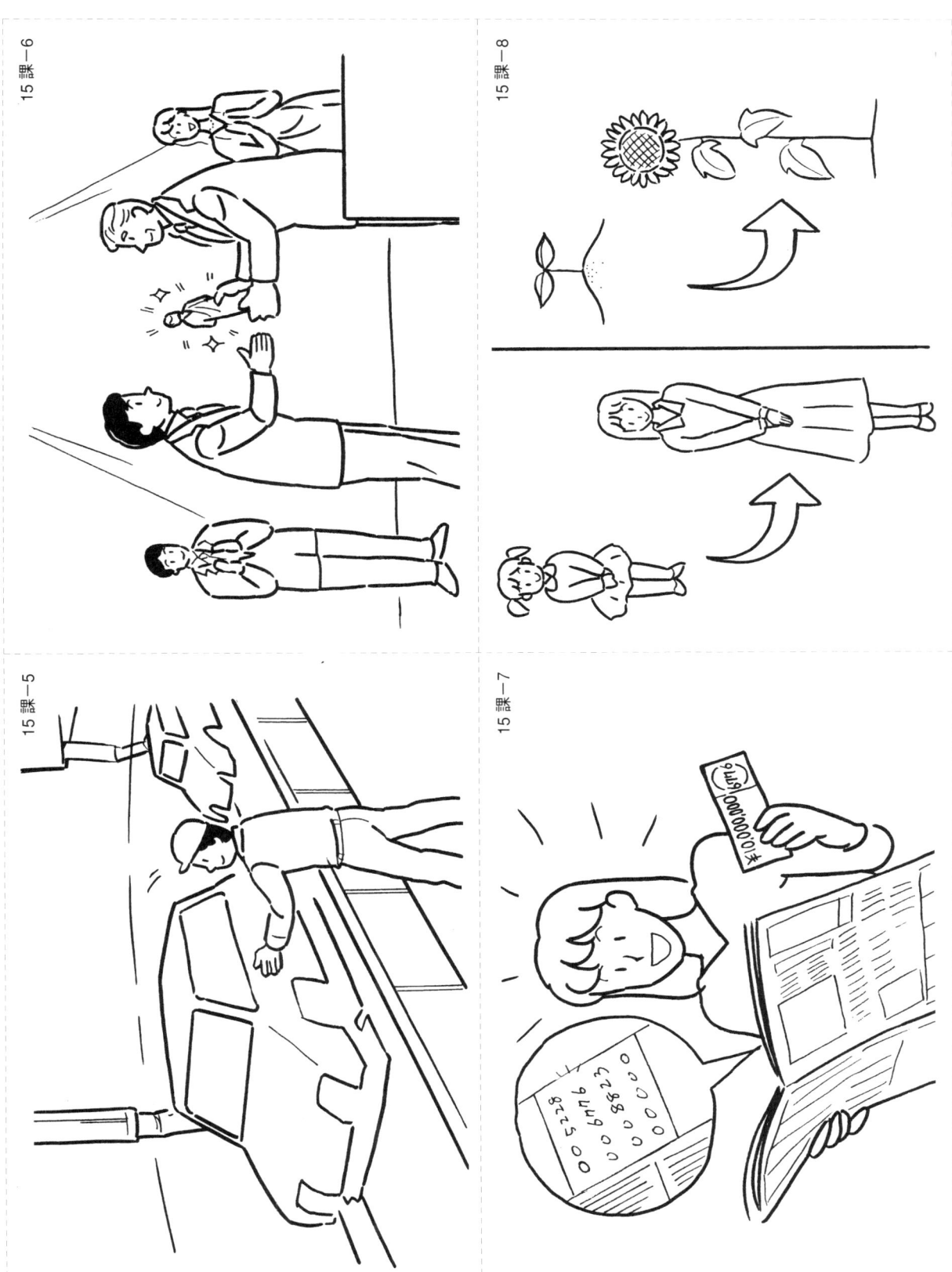

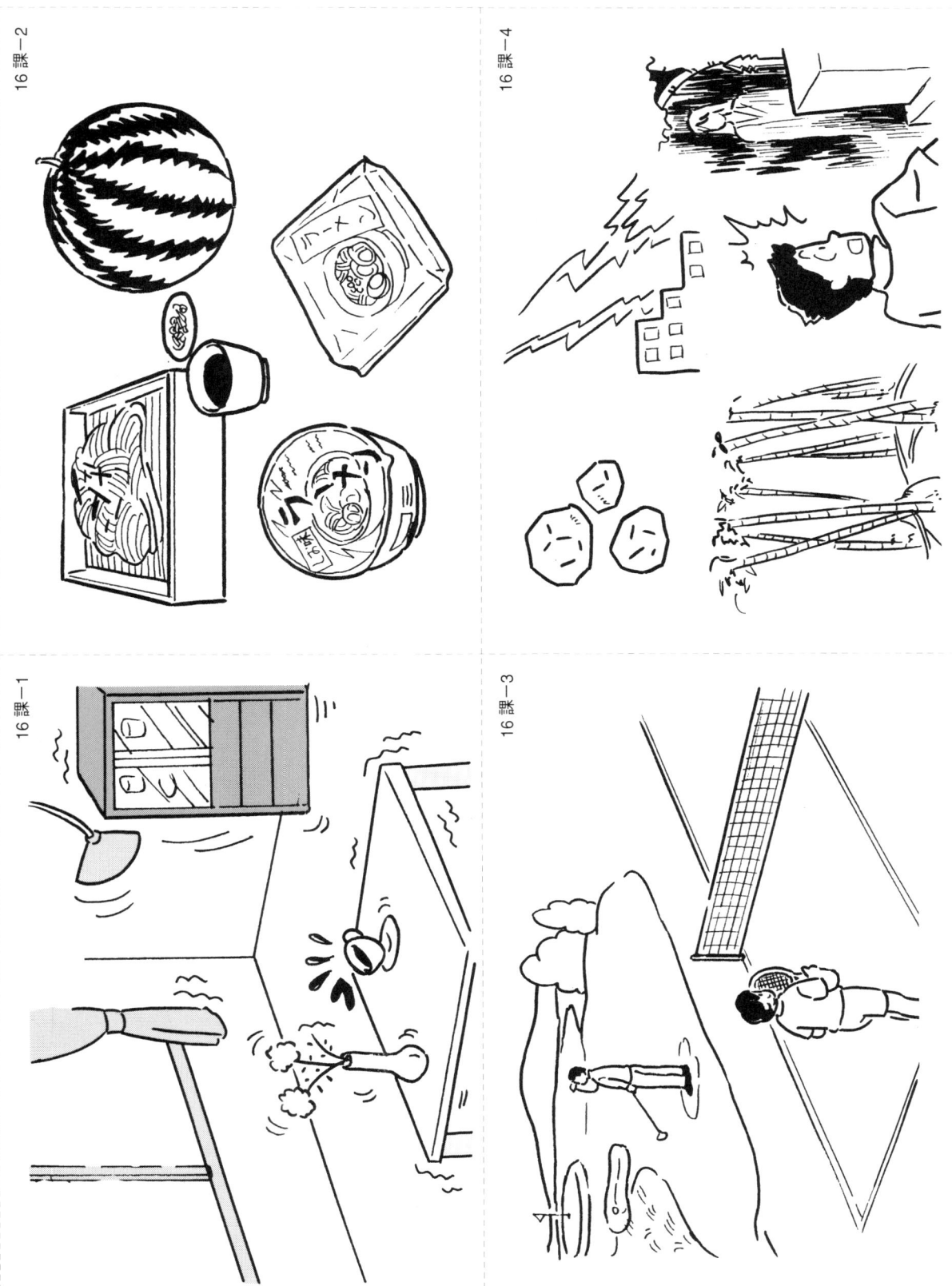

AA○○○
××××

BB×××
△△△△

MUSEUM

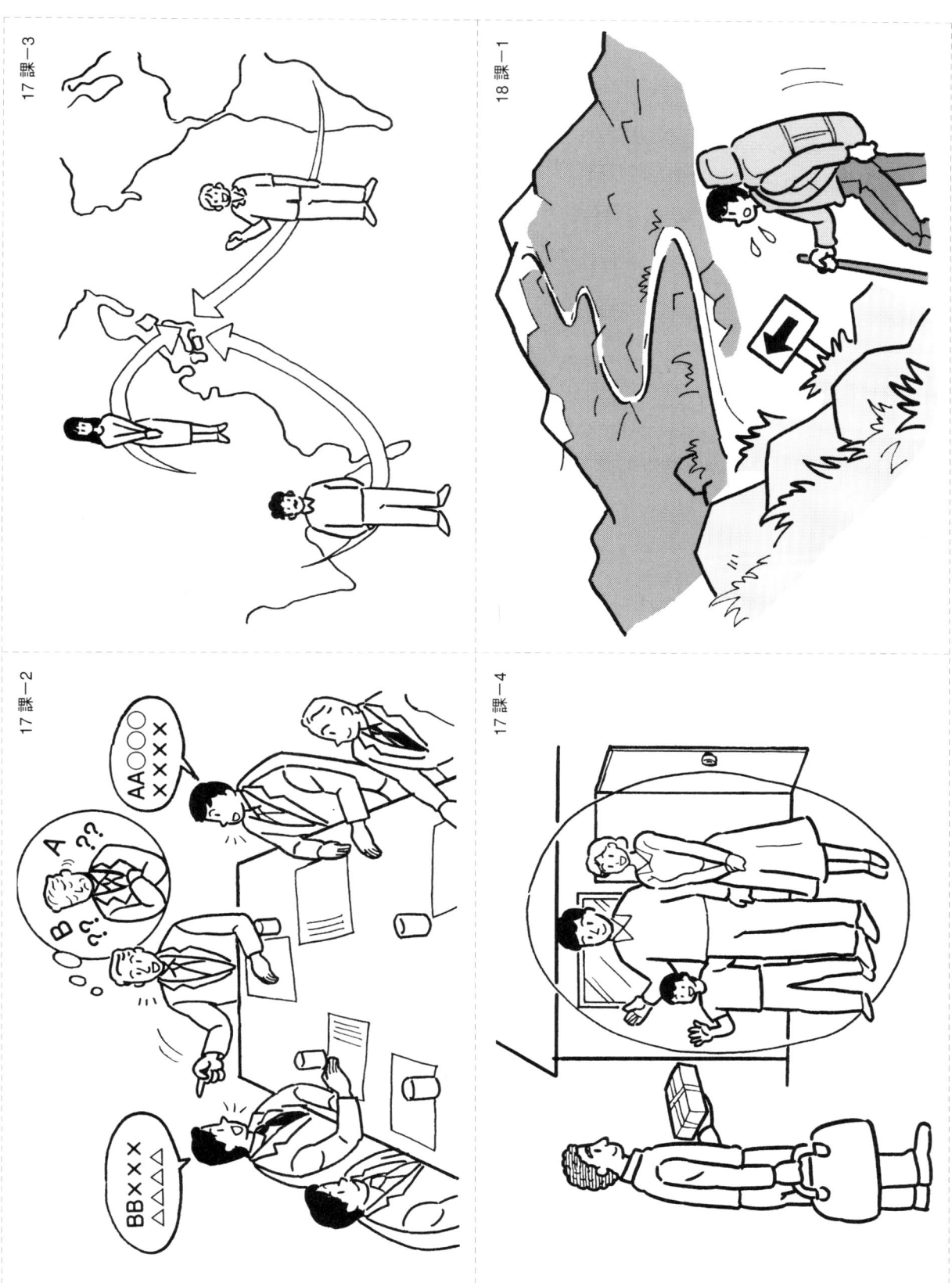

17 課—3

18 課—1

17 課—2

17 課—4

18課—3

18課—5

18課—2

18課—4

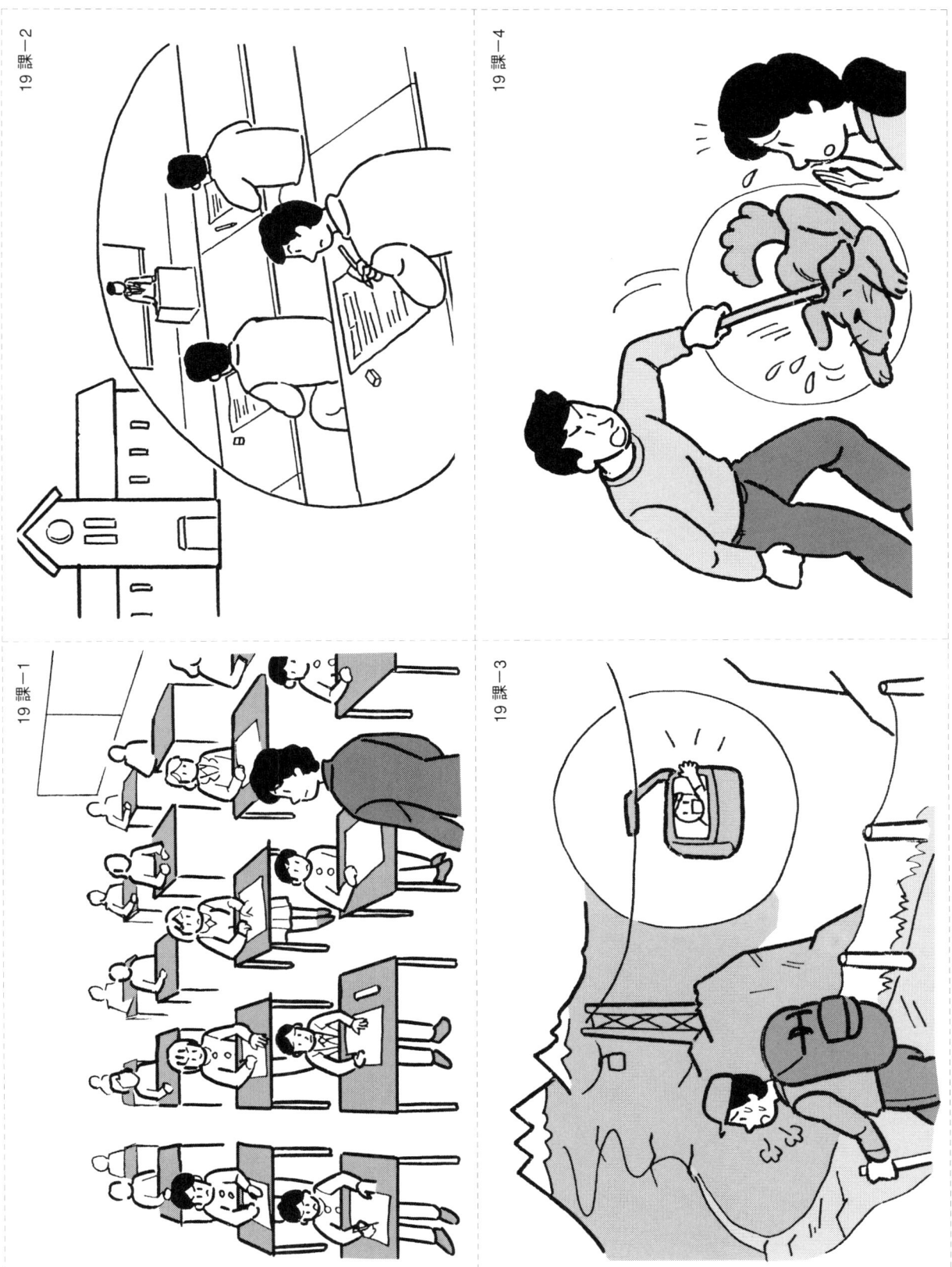

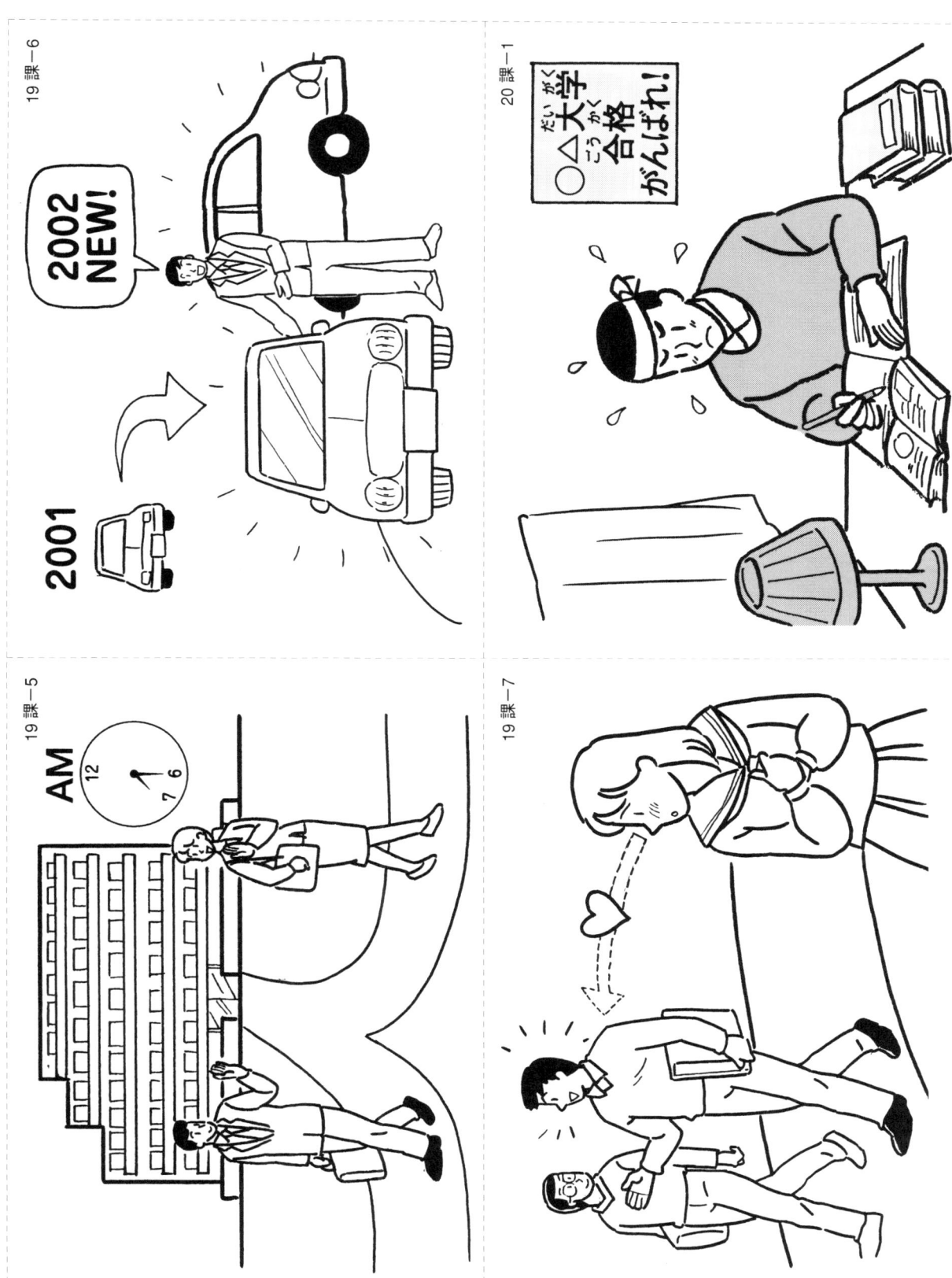

19課-6

20課-1

19課-5

19課-7

121

20 課－3

20 課－2

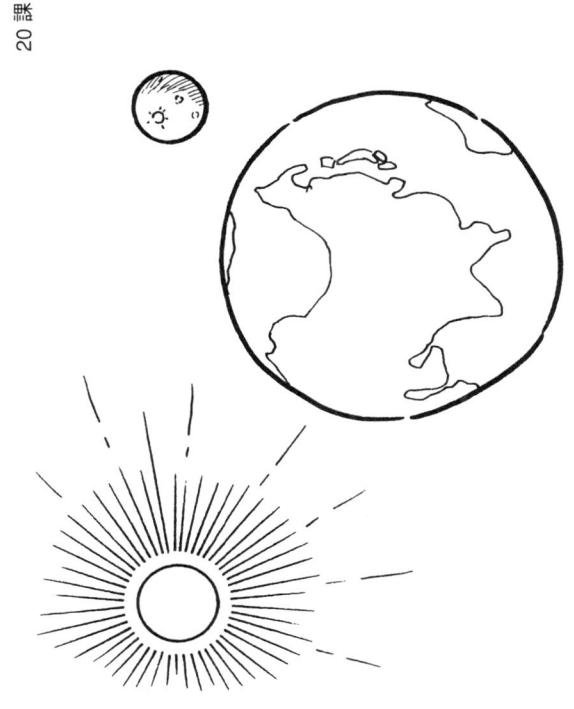

123

語彙一覧表

提出課順　語彙一覧表

課	番号	語彙
1	1	尋ねる
	2	増える
	3	遠慮［する］
	4	下りる［階段を〜］
	5	協力［する］
	6	駆け込み乗車
	7	文房具
	8	東
	8	北
	8	西
	8	南
	9	通勤［する］
	10	本日
	10	定休日
	10	営業中
	11	図書館
2	1	遅刻［する］
	2	モーターショー
	2	展示［する］
	3	入場［する］
	4	伝言［する］
	4	伝える
	5	代わる
	6	通信［する］
3	1	取り替える
	2	親しい
	3	［お］祭り
	4	訳す
	4	引く［辞書を〜］
	5	切れる［蛍光灯が〜］
	6	転勤［する］
	7	自信
	8	おしゃべり
	9	同僚
	9	上司
4	1	早退［する］
	2	無理［する］
	3	寒気がする
	3	吐き気
	4	ひどい

課	番号	語彙
	5	申請［する］
5	1	誘い
	1	誘う
	2	断り
	2	断る
	3	計画［する］
	3	立てる［計画を〜］
	4	改札
	5	飲み屋
	5	二次会
6	1	驚く
	2	訪問［する］
	3	移る
	4	卒業［する］
	5	招く
	6	入社［する］
	7	得意［な］
	8	大都会
	8	旧市街
	9	居間
	9	足を崩す
	10	出る［大都会に〜］
	11	募集［する］
	12	学習［する］
	12	学ぶ
	13	囲碁
	14	文通［する］
	15	関心
7	1	こぼす
	2	転ぶ
	3	記入［する］
	4	ぶつかる［人と〜］
	5	盲腸
	5	手術［する］
	5	患者
	5	〜医院
8	1	配る
	2	戸別
	2	配る
	3	派手［な］

課	番号	語彙		課	番号	語彙
	4	チラシ			2	反対［する］
	4	衣類			3	賛成［する］
	4	食品			4	怒る
	4	求人案内			5	預る
	4	お買い得			6	入学［する］
	5	ドレス			7	バレンタインデー
	6	嫌［な］			7	チョコレート
	7	合格［する］			7	贈る
	8	尊敬［する］			7	贈り物
9	1	分かれる［道が〜］			7	クリスマス
	2	動く歩道			8	出産
	3	下り（のエスカレーター）			8	お見舞い
	3	エスカレーター			9	迷う
	3	階段		12	1	うわさ［する］
	4	高速バス			2	養殖［する］
	4	バス停			3	一戸建て
	4	乗車［する］			4	比較［する］
	5	ついて行く			4	比べる
	6	歩道橋		13	1	謝る
	7	突き当たり			2	アイロン
	8	送迎バス			2	かける［アイロンを〜］
	9	はやる			3	夢中になる
10	1	焼く			4	けんか［する］
	2	炒める			5	けんか［する］
	3	ゆでる			6	焦げる
	4	（ギョーザを）包む			7	注文［する］
	5	細かい		14	1	うらやましい
	6	ひき肉			2	おしゃれ［な］
	6	小麦粉			3	カレー
	6	白菜			3	サラダ
	6	ねぎ			3	スープ
	6	にら			3	コーヒー付き
	6	ごま油			4	スパゲッティ
	6	油			4	ラーメン
	7	バター			4	たっぷり
	7	調味料			5	プロ
	7	ケチャップ			5	歌手
	7	こしょう			6	謙そん［する］
	7	酢		15	1	愛する
	7	しょう油			2	勤める
	7	しょうが汁			3	丁寧体
	8	ギョーザ			4	転職［する］
	8	オムレツ			4	職場
	9	ぎゅっと			4	サラリーマン
11	1	感謝［する］			5	製造［する］

127

課	番号	語彙
	5	加工 [する]
	5	一貫生産 [する]
	6	受賞 [する]
	7	宝くじ
	8	成長 [する]
16	1	揺れる
	2	そば
	2	すいか
	3	郊外
	3	ゴルフ
	3	ゴルフ場
	3	テニスコート
	4	石
	4	雷
	4	竹
	4	幽霊
	5	博物館
	5	宮殿
	5	城
	6	少女
	7	暴走族
17	1	提案 [する]
	2	判断 [する]
	3	来日 [する]
	4	泊める
18	1	登る
	2	噴火口
	3	山小屋
	3	日の出
	4	温泉
	4	露天風呂
	5	渋滞 [する]
	5	巻き込む
19	1	受験 [する]
	2	受験 [する]
	3	楽 [な]
	4	かわいそう [な]
	5	マンション
	5	共働き
	6	モデルチェンジ [する]
	7	恋をする
20	1	努力 [する]
	2	地球
	3	宝
	3	宝物

課	番号	語彙
	3	ダイヤ
	3	金

五十音順　語彙一覧表

	語彙	課	番号
あ	愛する	15	1
	アイロン	13	2
	足を崩す	6	9
	預る	11	5
	油	10	6
	謝る	13	1
い	～医院	7	5
	囲碁	6	13
	石	16	4
	炒める	10	2
	一貫生産 [する]	15	5
	一戸建て	12	3
	居間	6	9
	嫌 [な]	8	6
	衣類	8	4
う	動く歩道	9	2
	移る	6	3
	うらやましい	14	1
	うわさ [する]	12	1
え	営業中	1	10
	エスカレーター	9	3
	遠慮 [する]	1	3
お	お買い得	8	4
	贈り物	11	7
	贈る	11	7
	怒る	11	4
	おしゃべり	3	8
	おしゃれ [な]	14	2
	驚く	6	1
	お見舞い	11	8
	オムレツ	10	8
	下りる [階段を～]	1	4
	温泉	18	4
か	改札	5	4
	階段	9	3
	学習 [する]	6	12
	駆け込み乗車	1	6
	かける [アイロンを～]	13	2
	加工 [する]	15	5
	歌手	14	5
き	雷	16	4
	カレー	14	3
	かわいそう [な]	19	4
	代わる	2	5
	患者	7	5
	感謝 [する]	11	1
	関心	6	15
き	北	1	8
	記入 [する]	7	3
	旧市街	6	8
	求人案内	8	4
	宮殿	16	5
	ぎゅっと	10	9
	協力 [する]	1	5
	ギョーザ	10	8
	切れる [蛍光灯が～]	3	5
	金	20	3
く	下り (のエスカレーター)	9	3
	配る	8	1
	配る	8	2
	比べる	12	4
	クリスマス	11	7
け	計画 [する]	5	3
	ケチャップ	10	7
	けんか [する]	13	4
	けんか [する]	13	5
	謙そん [する]	14	6
こ	恋をする	19	7
	郊外	16	3
	合格 [する]	8	7
	高速バス	9	4
	コーヒー付き	14	3
	焦げる	13	6
	こしょう	10	7
	断り	5	2
	断る	5	2
	戸別	8	2
	こぼす	7	1
	ごま油	10	6
	細かい	10	5

語彙	課	番号
小麦粉	10	6
ゴルフ	16	3
ゴルフ場	16	3
転ぶ	7	2
さ 誘い	5	1
誘う	5	1
寒気がする	4	3
サラダ	14	3
サラリーマン	15	4
賛成［する］	11	3
し 自信	3	7
親しい	3	2
渋滞［する］	18	5
受験［する］	19	1
受験［する］	19	2
手術［する］	7	5
受賞［する］	15	6
出産	11	8
しょうが汁	10	7
上司	3	9
乗車［する］	9	4
少女	16	6
しょう油	10	7
職場	15	4
食品	8	4
城	16	5
申請［する］	4	5
す 酢	10	7
すいか	16	2
スープ	14	3
スパゲッティ	14	4
せ 製造［する］	15	5
成長［する］	15	8
そ 送迎バス	9	8
早退［する］	4	1
卒業［する］	6	4
そば	16	2
尊敬［する］	8	8
た 大都会	6	8
ダイヤ	20	3
宝	20	3
宝くじ	15	7
宝物	20	3
竹	16	4
尋ねる	1	1

語彙	課	番号
たっぷり	14	4
立てる［計画を～］	5	3
ち 地球	20	2
遅刻［する］	2	1
注文［する］	13	7
調味料	10	7
チョコレート	11	7
チラシ	8	4
つ ついて行く	9	5
通勤［する］	1	9
通信［する］	2	6
突き当たり	9	7
伝える	2	4
（ギョーザを）包む	10	4
勤める	15	2
て 提案［する］	17	1
定休日	1	10
丁寧体	15	3
テニスコート	16	3
出る［大都会に～］	6	10
転勤［する］	3	6
伝言［する］	2	4
展示［する］	2	2
転職［する］	15	4
と 同僚	3	9
得意［な］	6	7
図書館	1	11
泊める	17	4
共働き	19	5
取り替える	3	1
努力［する］	20	1
ドレス	8	5
に 西	1	8
二次会	5	5
入学［する］	11	6
入社［する］	6	6
入場［する］	2	3
にら	10	6
ね ねぎ	10	6
の 登る	18	1
飲み屋	5	5
は 吐き気	4	3
白菜	10	6
博物館	16	5
バス停	9	4

130

語彙		課	番号
	バター	10	7
	派手 [な]	8	3
	はやる	9	9
	バレンタインデー	11	7
	反対 [する]	11	2
	判断 [する]	17	2
ひ	比較 [する]	12	4
	東	1	8
	ひき肉	10	6
	引く [辞書を〜]	3	4
	ひどい	4	4
	日の出	18	3
ふ	増える	1	2
	ぶつかる [人と〜]	7	4
	プロ	14	5
	噴火口	18	2
	文通 [する]	6	14
	文房具	1	7
ほ	暴走族	16	7
	訪問 [する]	6	2
	募集 [する]	6	11
	歩道橋	9	6
	本日	1	10
ま	巻き込む	18	5
	[お] 祭り	3	3
	学ぶ	6	12
	招く	6	5
	迷う	11	9
	マンション	19	5
み	南	1	8
む	夢中になる	13	3
	無理 [する]	4	2
も	盲腸	7	5
	モーターショー	2	2
	モデルチェンジ [する]	19	6
や	焼く	10	1
	訳す	3	4
	山小屋	18	3
ゆ	幽霊	16	4
	ゆでる	10	3
	揺れる	16	1
よ	養殖 [する]	12	2
ら	ラーメン	14	4
	来日 [する]	17	3
	楽 [な]	19	3

語彙		課	番号
ろ	露天風呂	18	4
わ	分かれる [道が〜]	9	1

新日本語の 中級

会話場面・語彙イラストシート

	2003年8月5日　初版第1刷発行
著作・編集	財団法人海外技術者研修協会（AOTS）
発行者	髙井道博
発　行	株式会社スリーエーネットワーク
	〒101-0064　東京都千代田区猿楽町2-6-3（松栄ビル）
	電話　営業　03(3292)5751
	編集　03(3292)6521
	http://www.3anet.co.jp
印　刷	日本印刷株式会社